Leonard Cohen est né en 1934 à Montréal. Dès l'adolescence, il apprend à jouer de la guitare et publie ses premiers poèmes dans une revue étudiante. Après avoir vécu en Angleterre et en Grèce, où il écrit ses premiers romans, il s'installe aux États-Unis dans les années 1960 et commence à chanter dans les festivals. Ses premiers albums sont considérés comme des classiques, avec des succès tels que *Suzanne*, *Story of Isaac* ou *Hallelujah*. Le Canadien n'en oublie pas pour autant la littérature et publie *Les Perdants magnifiques* (1972), *L'Énergie des esclaves* (1974) et *Le Livre de miséricorde* (1985). En 1994, il se retire du monde et devient moine bouddhiste dans un monastère californien. Les années 2000 marquent son grand retour en poésie (*Le Livre du désir*, 2008) et sur la scène musicale avec une tournée internationale. L'œuvre de Leonard Cohen a influencé de nombreux artistes. Aujourd'hui, on ne compte pas moins de 1 500 reprises de ses chansons.

Il est décédé à Los Angeles en 2016.

Leonard Cohen

LE LIVRE DU DÉSIR

[Book of Longing]

POÈMES

Traduit de l'anglais
par Jean-Dominique Brierre
et Jacques Vassal

Édité sous la direction
de Jean-Paul Liégeois

Cherche Midi

Cette édition Collector, à tirage limité,
a été imaginée et réalisée par les éditions Points.
Ce titre est également disponible en édition courante.

TEXTE INTÉGRAL

TITRE ORIGINAL
Book of Longing
ÉDITEUR ORIGINAL
McClelland & Stewart Ldt, 2006

ISBN 978-2-7578-6870-6
(ISBN 978-2-7491-2249-6, 1re publication)

LEONARD COHEN

Book of Longing

Page-titre de l'édition originale anglo-canadienne.

Pour Irving Layton[1*]

*Notes p. 275.

Le Livre du désir

Je n'arrive pas aux collines
Le système est flingué
Je vis de pilules
Et j'en remercie Di-u

J'ai suivi la route
Du chaos jusqu'à l'art
Cheval de l'envie
Carriole de la dépression

J'ai vogué comme un cygne
J'ai coulé comme un roc
Mais bien loin est le temps
Où l'on se riait de moi

Trop blanche était ma page
Et trop claire mon encre
Le jour ne voulant inscrire
Ce qu'ébauchait la nuit

Mon animal rugit
Mon ange est en colère
Mais on ne me permet pas
Un soupçon de regret

Car on se servira
De ce que je n'ai pu être
Mon cœur sera à elle
Sans rien de personnel

Elle marchera sur le sentier
Elle comprendra mes paroles
Ma volonté en deux coupée
Et au milieu la liberté

Pendant une seconde à peine
Nos vies en collision
L'infini en suspension
La porte grand ouverte

Et puis elle sera née
À quelqu'un comme toi
Et ce que nul n'a fait
Elle le continuera

Je la sais en chemin
Je sais déjà son regard
Et cela est le désir
Et ceci est le livre

Ma vie en robe de moine

Au bout d'un moment
On ne sait plus dire
Si c'est le manque
D'une femme
Ou le besoin
D'une cigarette
Et plus tard
Si c'est la nuit
Ou bien le jour
Et puis soudain
On sait l'heure
On s'habille
On rentre chez soi
On allume
On se marie

La Voix de son maître

Après avoir écouté du Mozart
(et c'était souvent)
Par les hauts et les bas
Du Mont-Baldy[2]
Je portais
Toujours un piano
Et je ne parle pas
D'un clavier
Je parle d'un piano à queue
Grand modèle
En ciment
Maintenant que j'agonise
Je ne regrette pas
Un seul pas

Roshi à 89 ans

Roshi[3] est très fatigué,
il est allongé sur son lit
Il a été vivant avec les vivants
et mourant avec les morts
Mais voilà qu'il veut boire encore un verre
(les merveilles ne cesseront-elles jamais ?)
Il fait la guerre à la guerre
et fait la guerre à la paix
Il est assis dans la salle du trône
posé sur sa grande Figure des Origines
et il fait la guerre au Néant
qui est habité par Quelque Chose
Ses intestins se réjouissent
les pruneaux marchent bien
Il n'y a personne qui aille au Paradis
ni personne oublié en Enfer

Mont-Baldy, 1996

L’une de mes lettres

J’ai correspondu avec un rabbin célèbre
mais mon maître a aperçu l’une de mes lettres
et m’a imposé le silence.
« Cher Rabbin, lui ai-je écrit pour la dernière fois,
je n’ai ni l’autorité ni l’entendement
pour parler de ces sujets.
Je frimais, c’est tout.
Veuillez me pardonner.
Votre frère juif,
Jikan[4] Eliezer. »

Toi aussi tu chanterais

Toi aussi tu chanterais
si tu te trouvais
dans un endroit pareil
Tu ne t'inquiéterais pas de savoir
si c'est aussi bon
que Ray Charles ou Édith Piaf
tu chanterais
Tu chanterais
non pour toi-même
mais pour te construire un moi
avec les vieux aliments
qui pourrissent dans les entrailles des astres
et le râle dépourvu d'amour
de ton propre souffle
Tu deviendrais chanteuse
en moins de temps qu'il n'en faut
pour exécrer le charme d'une rivale
et tu chanterais, chérie
toi aussi tu chanterais

S.O.S. 1995

Prends bien le temps d'écouter ta colère,
toi l'endormi.
Ne la gaspille pas en émeutes.
Ne l'embrouille pas avec des idées.
Le Diable m'empêche de parler,
me laisse tout juste insinuer
que tu es un esclave,
ta misère une politique délibérée
de ceux qui te tiennent en servitude,
et sont soutenus par ton infortune.
Les atrocités d'un côté,
la paralysie intérieure de l'autre –
Content du moindre mal ?
On te serre la vis.
On te programme pour la douleur.
Le Diable me ligote la langue.
C'est à toi que je parle,
« ami de ma vie griffonnée ».
Tu as été conquis par ceux
qui savent conquérir sans se montrer.

Les rideaux si joliment remuent,
rideaux de dentelle comme dans une
vieille histoire à l'eau de rose :
le Diable qui me tente
pour me dissuader de t'alerter.
Aussi dois-je me dépêcher de le dire :
peu importe ceux qui sont dans ta vie,
ceux qui te font du mal,
ceux qui t'aident ;
ceux que tu connais
et ceux que tu ne connais pas
ne les laisse pas mordre à l'hameçon,
décroche-les de l'hameçon.
Reconnais l'hameçon.
Vous êtes à l'écoute de Radio Résistance.

Quand je bois

Quand je bois
le scotch à 300 $
avec Roshi
cela étanche toutes les soifs
Une chanson me vient aux lèvres
une femme s'allonge près de moi
et chaque désir
m'invite à me lover nu
en ses mâchoires ruisselantes

Assez, imploré-je, assez
mais Roshi remplit mon verre
et de nouvelles passions me consument
de nouveaux appétits
Par exemple
je m'abîme dans une tulipe
(sans en jamais toucher le fond)
ou bien je fonce dans la nuit
dans la sueur d'un accouplement
avec quelqu'un d'à peu près deux fois
la taille de la Grande Ourse

Quand je mange de la viande avec Roshi
les quadrupèdes
arrêtent de pleurer
et les bipèdes
n'essaient plus de s'envoler
et le saumon épuisé
vient se réfugier dans le creux de ma main

et le loup de Roshi
mordant sa chaîne brisée
fait sensation
dans la cabane
en devenant l'ami de tout le monde

Quand je bouffe avec Roshi
et que coule le Ballantine
les pins s'enfoncent dans ma poitrine
les grands et ennuyeux galets gris
du Mont-Baldy
me rampent dans le cœur
et tous se nourrissent
du gras délicieux
et du pop-corn au fromage blanc
ou de tout ce qu'ils ont pu vouloir
depuis toutes ces années

Mieux

mieux que l'obscurité
est l'obscurité factice
qui t'arnaque
pour que tu pelotes
l'antique cousine
de je ne sais qui

mieux que les banques
sont les fausses banques
où l'on change
tout son argent en vrac
en cours du jour

mieux que le café
est le café bleu
que l'on boit
dans son dernier bain
ou parfois en attendant
que ses souliers
soient mis en pièces

mieux que la poésie
est ma poésie
qui se réfère
à tout ce
qui est beauté et
dignité, mais qui elle-même n'est
ni l'une ni l'autre

mieux que sauvage
est le secrètement sauvage
ainsi quand je suis
dans l'obscurité
d'une place de parking
avec un jeune serpent

mieux que l'art
est l'art répulsif
qui démontre
mieux que les Écritures
la minuscule mesure
de tes progrès

mieux que l'obscur
est le non-obscur
qui est plus noir que l'encre,
plus vaste et plus profond
et étrangement réfrigéré
rempli de grottes
et de tunnels à rendre aveugle
dans lesquels apparaissent
parents décédés qui font signe
et autres attirails
religieux

mieux qu'amour
est mamours
qui est plus raffiné
superbement érotique
minuscules gens sereins
aux organes génitaux énormes
mais plus légers qu'on le pense
confortablement installés
sur un cil de brume
et qui vivent pour toujours
de sinistre manière
à cuisiner, à jardiner
et à élever des gosses

mieux que ma mère
est ta mère
qui est toujours en vie
alors que la mienne
ne l'est pas
mais qu'est-ce que je dis !
pardonne-moi, ma mère

mieux que moi
c'est toi
plus gentil que moi
c'est toi
plus doux plus fin plus vif
toi toi toi
plus joli que moi
plus fort que moi
plus seul que moi

je veux arriver
à te connaître
de mieux en mieux

Mont-Baldy, 1996

Le Moine en mal d’amour

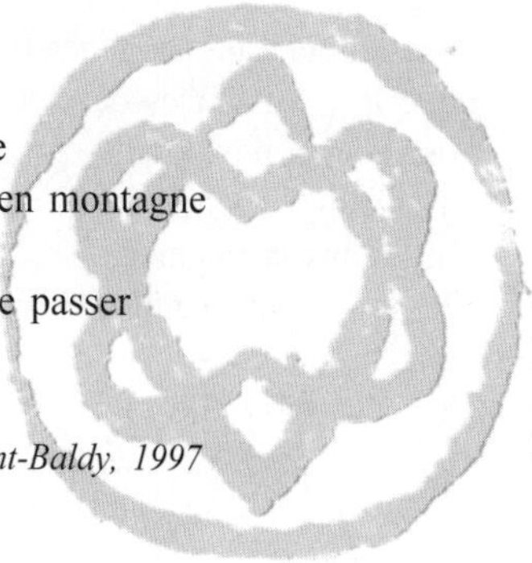

Je me suis rasé le crâne
J’ai revêtu une robe
Je dors dans un coin de cabane
à deux mille mètres d’altitude en montagne
C’est lugubre ici
La seule chose dont je peux me passer
c’est un peigne

Mont-Baldy, 1997

À une jeune nonne

Cet amour sans exigence
que nos naissances décalées
ont acquis pour nous –
Toi dans ta génération,
moi dans la mienne.
Je ne suis pas celui
que tu cherches.
Tu n'es pas celle
que j'ai cessé de chercher.
Avec quelle douceur le temps
nous congédie
tandis que bras dessus bras dessous
nous franchissons le Pont des Détails :
À ton tour de hacher.
À mon tour de cuisiner.
À ton tour de mourir d'amour.
À mon tour de ressusciter.

D'autres écrivains

Steve Sanfield est un grand maître du haïku.
Il habite à la campagne avec Sarah,
sa belle épouse,
et il écrit sur les petites choses
qui tiennent lieu de toutes choses.
Kyozan Joshu Roshi,
qui a amené des centaines de moines
à un plein éveil,
s'attaque à l'expansion
et à la contraction simultanées
du cosmos.
Et moi j'en reviens sans cesse
à une jeune femme sublime
qui a desserré son jean
sur le siège avant de ma jeep
et m'a laissé toucher
la source de vie
car j'en étais si éloigné.
Je dois vous dire, les amis,
que je préfère mon truc au leur.

Roshi

Je n'ai jamais vraiment compris
ce qu'il disait
mais de temps à autre
je me retrouve
à aboyer avec le chien
à me courber avec les iris
ou à rendre de menus services
de ce genre

Remède

Mon remède
A bien des saveurs contrastées.
Absorbé ou embarrassé par
Ce qui les distingue,
Le patient en oublie de souffrir.

Le Vrai Moi

Le Vrai Moi, le Vrai Moi
ne veut rien –
« Tuer » ou « Ne pas tuer »
cela lui est étranger
mais tout en étant
encore novice
de toute ma volonté j'étreins
l'Engagement Premier
« Ne pas tuer »

L'Effondrement du zen

Quand je peux enfoncer mon visage
dans le lieu des lieux
et lutter avec mon souffle
tandis qu'elle descend ses doigts avides
            pour s'ouvrir,
m'incitant à me servir de toute ma bouche
à la rencontre de sa voracité,
            de ses ardeurs les plus secrètes –
pourquoi devrais-je désirer l'illumination ?
Ai-je manqué quelque chose ?
Ai-je oublié le moustique de la veille
ou le fantôme affamé du lendemain ?

Quand je peux errer sur cette colline un couteau planté
                                                    [dans le dos
pour avoir trop bu de Château Latour
et déverser mon cœur dans la vallée
            des lumières de Caguas
et rester figé de peur quand le chien de garde
en bavant sort des buissons
et refuse de me reconnaître
et que nous voilà, oui, ahuris
à nous demander qui doit tuer l'autre le premier
et que j'avance et lui aussi,
et qu'il avance et moi aussi,
pourquoi devrais-je désirer l'illumination ?
Ai-je omis quelque chose ?
Un monde que j'ai échoué à étreindre ?
Un os que je n'ai pas volé ?

Quand Jésus m'aime tant que le sang
lui coule du cœur
et que je monte à une échelle métallique
pour pénétrer dans le trou
qu'un chagrin aussi vaste que la Chine
a percé dans son flanc
et que vêtu de blanc j'entre dans la salle la plus secrète

et que j'implore et supplie :
« Pas celui-ci, Maître. Pas celui-là, Maître. Je vous en conjure,
[Maître. »
et que je scrute son regard
tandis qu'une fois de plus on chie sur les démunis
et que le tendre mamelon en fleur de l'humanité
est pris entre les tenailles
du pouvoir de la force et de l'argent –
pourquoi devrais-je chercher l'illumination ?
Ai-je échoué à reconnaître un simple cafard ?
Une quelconque vermine dans le limon de ma majesté ?

Quand « stupides sont les hommes et folles les femmes »
et que chacun est endormi à San Juan et à Caguas
et que chacun est amoureux sauf moi
et que chacun a une religion et un petit ami
et un vrai génie de la solitude –

Quand je peux dégouliner sur tous les univers
et déshabiller une femme sans la toucher
et faire mes provisions d'urine
et offrir mes immenses épaules d'argent
à la lune en tête d'épingle
Quand j'ai comme d'habitude le cœur brisé
par la beauté évanescente d'un être
et qu'ébauche après ébauche

tout s'évapore comme des royaumes sans écriture
et, regardez bien, qu'à grand-peine je me fraye un chemin
jusqu'à la hauteur de l'incomparable
intimité de Sahara
et que battant l'air j'en fais un noir cocon
d'oubli bien commode –
pourquoi devrais-je frissonner sur l'autel des éclaircissements ?
Pourquoi devrais-je désirer sourire pour l'éternité ?

Petit matin à Mont-Baldy

La sonnerie m’a réveillé à deux heures et demie du matin :
j’ai enfilé mes robes de moine
kimono et *hakama*
dessinés d’après un costume
d’archer du XIIe siècle ;
par-dessus, le *koroma*
lourd survêtement
aux manches impossibles de largeur ;
par-dessus, le *ruksu*
genre de bavoir en patchwork
comprenant un disque d’ivoire ;
et pour finir
la ceinture torsadée d’un mètre vingt de long
attachée par un très gros nœud assez beau
ressemblant à un *challah* tressé
qui recouvre le bas du *ruksu* :
en tout pas loin de dix kilos d’habits
que je passe en hâte
à deux heures et demie du matin
par-dessus mon énorme trique

Départ de Mont-Baldy

Je suis descendu de la montagne
après bien des années d'étude
et de pratique rigoureuse.
J'ai laissé mes robes pendues à une patère
dans la vieille cabane
où j'étais resté si longtemps assis
et où j'avais si peu dormi.
J'ai fini par comprendre
que je n'avais aucun don
pour les Sujets Spirituels.
« Merci, Mon Adoré »,
ai-je entendu un cœur s'écrier
comme j'entrais dans le flot des voitures
sur l'autoroute de Santa Monica,
direction l'ouest et L.A.
Un certain nombre de gens
(parmi lesquels des pratiquants)
se sont mis à me poser des questions hostiles
à propos de la Réalité Ultime.
Je suppose que c'est
parce qu'ils n'aiment pas voir
le vieux Jikan en train de fumer.

1999

Cher Roshi,
Je regrette de ne pouvoir
t'aider aujourd'hui, parce que
j'ai rencontré cette femme.

S'il te plaît pardonne mon
égoïsme.

Je t'adresse
mes vœux d'anniversaire
ma profonde affection et
mes respects.

Jikan
le moine inutile
te salue bien

L'Homme le plus chanceux du monde

Et puis il s'est passé un tas de choses. J'ai reçu d'un athée un coup sur la tête. Je n'ai jamais repris confiance. Même aujourd'hui les plus petites choses m'effraient. La vieille Mère Hubbard s'est glissée dans la plaie et elle y a engendré ses petits. Durant de longues années ma tête était ficelée. Je faisais semblant d'aider tout le monde.

J'ai dessoûlé. J'ai regardé mon malheur en face. Des pins sont apparus, des montagnes grises, des horizons brumeux dans le petit matin, des gens aux vies intéressantes. Di-u, ta vie est intéressante, disais-je sans cesse. Sans cesse je remuais la tête en signe de scepticisme jovial.

J'ai tant de choses à vous dire. Je suis l'homme le plus chanceux du monde. J'ai appris à dépecer un lapin avec très peu d'incisions et pas mal d'huile de coude. Ma saison la plus faste, c'est Pâques. Tout le truc vient d'un seul coup et on le bourre de Kleenex pour le vendre.

Le samedi soir est vraiment, comme on dit, « le soir de la semaine où l'on se sent le plus seul ». Je m'accroupis avec ma radio et quelques pelotes de ficelle, au cas où je voudrais attacher quelque chose. Je laisse la cabane bien se refroidir et je me réjouis de ma bonne fortune. De temps en temps une araignée descend le long de son hideux fil gluant et menace mon indifférence chèrement gagnée.

Mes conseils sont extrêmement appréciés. Par exemple, ne jamais pisser sur une grosse pomme de pin. Ce n'en est peut-être pas une. Si vous ne savez pas au juste quelles araignées sont venimeuses, tuez-les toutes. Le faucheux n'est pas une vraie araignée : en fait il appartient à la famille de criminels Seratonio. Bien que les insectes tiennent à la vie, et même si leur implacable industrie est un exemple pour nous tous, ils ont rarement une pensée pour la mort, et quand ils en ont une, celle-ci n'est pas accompagnée d'émotions fortes, comme elle l'est chez vous et moi. Ils font à peine la différence entre la vie et la mort. En ce sens ils sont comme des mystiques et, comme les mystiques, beaucoup sont venimeux. Il est difficile de faire l'amour à un insecte, surtout si l'on est très doué. Pour ce qui est de ma propre expérience, jamais un seul insecte ne s'est plaint. Si l'on ne sait pas à coup sûr quels mystiques sont venimeux, le mieux est de tuer celui qu'on rencontre d'un coup sur la tête au moyen d'un marteau, ou d'une chaussure, ou d'un gros légume un peu vieux, tel qu'un énorme radis daïkon fossilisé.

Mont-Baldy, 1997

En ce temps-là déjà la fête était finie

Quand j'avais dans les quinze ans
j'ai suivi une fille superbe
au Parti Communiste du Canada.
Il y avait des réunions secrètes
et on se faisait engueuler
si on avait une minute de retard.
On étudiait le McCarran Act
voté par les larbins de Washington
et la Loi du Cadenas
votée par leurs comparses du Québec colonisé ;
et ils disaient des saloperies
sur ma famille
et sur la façon dont on s'était enrichi.
Ils voulaient renverser
le pays que j'aimais
(et que je servais, en tant que Scout Marin).
Et même les gens sympas,
ceux qui voulaient changer les choses,
ils les détestaient aussi
et les traitaient de sociaux-fascistes.
Ils réservaient un sort à des criminels
comme mes oncles et mes tantes
et même à ma pauvre petite maman
qui s'était enfuie de Lituanie
avec deux pommes gelées
et un foulard plein de monnaie de singe.
Ils ne m'ont jamais laissé m'approcher de la fille
et la fille ne m'a jamais laissé m'approcher de la fille.
Elle devint de plus en plus belle
et puis un jour elle épousa un avocat

et devint une social-fasciste elle-même
et très probablement une criminelle aussi.
Mais j'admirais ces communistes
pour leur dévouement de têtes de mule
à quelque chose d'absolument faux.
C'était des années avant que je ne trouve
quelque chose de comparable pour moi-même :
j'ai rejoint un groupuscule de fanatiques à mâchoires d'acier
qui se considéraient
comme les Marines du monde spirituel.
Ce n'est qu'une question de temps :
Nous ferons accoster ce radeau
sur l'Autre Rive.
Nous prendrons cette plage
sur l'Autre Rive.

Tête de moine

[épreuve d'artiste]

C'est comme ça

C'est comme ça
je ne te cours pas après
je vais m'allonger une demi-heure
C'est comme ça
je ne m'accroche pas
à ton souvenir
je ne m'y frotte plus le visage
je vais bâiller
je vais m'étirer
je vais m'enfoncer une aiguille à tricoter
dans le nez
et me décrocher la cervelle
je ne veux pas t'aimer
le restant de mes jours
je veux que ta peau
se détache de ma peau
je veux que mon crampon
te décramponne
je ne veux pas vivre
avec cette langue pendante
et une autre chanson obscène
à la place
de ma batte de base-ball
C'est comme ça
je vais dormir maintenant chérie
N'essaie pas de m'arrêter
je vais dormir
j'aurai le visage lisse
et je vais baver
Je serai endormi
que tu m'aimes ou pas

C'est comme ça
le Nouvel Ordre Mondial
des rides et de la mauvaise haleine
Ça ne va pas être
comme auparavant
à te brouter
les yeux fermés
en espérant que tu ne te lèveras pas
pour t'en aller
Ça va être autre chose
quelque chose de pire
quelque chose de plus niais
quelque chose comme ça
mais en plus court

Ce n’est pas la Chine

Serre-moi fort
et dis-moi à quoi ressemble le monde
Je ne veux pas regarder dehors
Je veux m’en remettre à tes yeux
et à tes lèvres
Je ne veux rien sentir
que ta main
sur le vieux pare-chocs écaillé
Je ne veux rien sentir d’autre
si tu aimes les rochers morts
et les immenses pins sauvages
D’accord je les aime aussi
Dis-moi si le vent
fait un joli bruit
je fermerai les yeux en souriant
Dis-moi si c’est un beau matin
ou un matin clair
Dis-moi ce que c’est
comme putain de matin
et je serai preneur
Et demande au chien
d’arrêter de gémir et d’aboyer
Ce n’est pas la Chine
personne ne va avaler ça

Si tu dois t’en aller d’accord
je créerai le cosmos
à moi tout seul
je le laisserai être tout entier à mon image
la moindre sinistre pomme de pin

la moindre ennuyeuse aiguille de pin
Et du haut de ce dôme pelé
je diffuserai mon affection
à la ronde
vers tous les horizons vertigineux
les brumes et les neiges
qui recouvrent
les montagnes étincelantes
vers les femmes qui se baignent
dans le ruisseau
et se peignent les cheveux
sur les toits
vers les sans-voix
qui m'ont imploré
du fond de leur surprenant silence
vers les pauvres de cœur
quand même ils seraient riches
vers toutes les formes de pensées
et objets mentaux percés
que tu hisses jusqu'ici
au bout de ta vie fantomatique

DE RETOUR À...
d'après une photo de Hazel Field

Au bar du *Takanawa Prince Hotel*

À se glisser dans le Pays de Pureté
dans l'État d'Éveil de l'Ivrogne
dans le Cœur bleu fournaise du seul
seul seul et vrai Allah le Bien-Aimé
Compagnon de dangereux États d'âme…
À se glisser dans les 27 Enfers
de ma propre religion ma propre douce
obscure religion de la religion d'ivrogne
dans ma Poésie de génuflexion
[mes robes de moine
mon bol ma Poésie de flagellation
dans mon ultime circoncision d'après
la circoncision de la chair
la circoncision du cœur
et la circoncision de l'ardent désir
de Revenir d'être Racheté
d'être Lavé d'être Pardonné encore
l'Ultime circoncision l'Ultime
et Sublime Circoncision –
Brisé pour un instant
et cédant à la lâcheté
face aux rayons aveuglants
de l'Illumination Hideuse
mais pour finir m'abandonnant à la sublime
Résignation de la poésie
et non à cette sorte d'Expérience de Sagesse
ou aux baisers trompeurs du Discernement
Concurrentiel, mais à ma propre douce et sombre
religion de Poésie à mon prix de consolation
à mes sandales et à ma prière honteuse

à ma bougie mexicaine invisible
à mes huiles incapables de nettoyer la maison
et d'enlever de la mémoire de ma chérie
l'emprise de mon rival…

Ô Poésie mon Ultime Circoncision :
Toute la douleur était dans la crainte
et dans l'ignorance de la voix de la fille
et de la caresse de la fille et de son
humiliante fragrance de fille
qui fut perdue voici trois guerres
Et Ô mon amour je t'aime à nouveau
je suis ton chien ton chat
ton serpent de Cléopâtre
je saigne sans douleur
dans l'Ultime et Informe Circoncision
et je relève légèrement ta robe
pour embrasser ton genou
qui me donne du lait comme par miracle
Et puissiez-vous tous qui observez
et Di-u l'empêche !
qui êtes en pleine épreuve de souffrance
pendant que je m'insinue dans l'Amour
Et puisses-tu en toute hâte être étreinte par
la féminité de ta propre
religion obscure de fille

Elle a dit : « Est-ce que tu me crois maintenant ? »
« Adore-moi sous les formes qui te font penser à Moi. »
La féminité de ma propre religion obscure de fille

Quand Seisen danse

Seisen a le corps long.
Son crâne rasé
menace l'éclat du ciel
et ses pieds descendent
dans le cellier à pommes.
Quand elle danse pour nous
à l'une de nos fêtes peu fréquentes,
la salle à manger,
avec sa cargaison de moines
et de nonnes en apesanteur,
rebondit autour de ses hanches
comme un houla-hoop.
Les vieux pins vénérables
désertent leur poste
et entrent dans la danse,
tout comme les montagnes de San Gabriel
et les villes planes
de Claremont, d'Upland
et de l'Inland Empire.
L'océan parle à l'océan
Et lui dit : Bon Dieu,
On y va, secouons-nous.
La Voie Lactée largue les amarres
et vient se coller à la croupe de Seisen,
tout comme les mondes au-delà
et les mondes à naître,
sans parler des trous plus sombres
de l'anti-matière broyant du noir,
ni des objets mentaux volant au hasard
comme ce poème,

et bousillant l'atmosphère.
Tout cela s'enroule autour de ses hanches
et de ce qu'elles renferment ;
tout cela est illuminé par son visage,
son expression qui n'appartient à personne.
Et puis il y a cet idiot qui a mal
ici, non, ici
qui croit que
Seisen est encore une femme,
et qui tente de trouver un endroit
où se mettre
là où Seisen ne danse pas.

Début d'une période

Nous sommes au début d'une période d'ahurissement, un curieux moment où les gens trouvent la lumière au sein du désespoir et le vertige au sommet de leurs espérances. C'est un moment religieux aussi et là est le danger. Les gens vont vouloir obéir à la voix de l'Autorité, et bien des constructions étranges sur la nature exacte de l'Autorité vont se faire jour dans les esprits. Une fois de plus, la famille va apparaître comme le Fondement, très honoré, très glorifié, mais ceux d'entre nous qui ont été transpercés par d'autres possibilités, ne vont faire qu'effleurer les mouvements, même si ce sont les mouvements de l'amour. L'ardent désir d'Ordre va inciter de nombreuses personnes obstinées et sans concessions à l'imposer. La tristesse du zoo va s'abattre sur la société.

Vous et moi, qui aspirons tant à une intimité irréprochable, nous n'aurons aucune envie de prononcer ne serait-ce que les premiers mots de ravissement inquisiteur, par peur des représailles. Tout ce qu'il y a de désespéré survivra sous couvert de plaisanterie. Mais je jure de me tenir à portée de ton parfum.

Comme la lune a l'air sévère ce soir, on dirait le visage d'une Madone de Fer, au lieu de la banale idiote habituelle.

Si vous croyez que Freud est aujourd'hui déshonoré, ainsi qu'Einstein, et Hemingway, attendez seulement de voir ce que vont faire de tous ces cheveux blancs ceux qui viennent après moi.

Mais il y aura une Croix, un signe, que certains comprendront ; un rendez-vous secret, une mise en garde, une Jérusalem cachée dans Jérusalem. Je serai vêtu de blanc, comme toujours, et je pénétrerai dans le Saint des Saints comme je le fais de génération en génération, pour implorer, pour supplier, pour justifier. Je pénétrerai dans la Chambre des mariés et nul ne me suivra.

N'en doutez pas, dans un proche avenir nous allons voir et entendre bien plus de choses dans ce genre, de la part de gens comme moi.

Je n'ai jamais trouvé la fille
Je ne suis jamais devenu riche
Suivez-moi.

לאל ברוך נעימות יתנו

Rien que d'avoir été l'un d'eux... même à l'échelon le plus bas.

Ma conjointe

Il y a cette femme immense
(Ô Di-u qu'elle est belle)
cette femme immense
qui, bien qu'elle soit toutes les femmes,
a un caractère très particulier ;
cette femme immense
qui parfois me rejoint
très tôt le matin
et m'arrache de ma peau !

Nous « roulons autour des cieux »
À plusieurs kilomètres au-dessus des pins
Et il n'y a pas d'espace entre nous,
Mais nous ne sommes pas Un seul
Ni rien de ce genre.
Nous sommes deux personnes immenses,
deux corps géants
de tendresse et de délices,
avec tous les plaisirs éprouvés et magnifiés
qui conviennent à notre taille.
Quand cela se produit
je suis en général prêt à pardonner quiconque
ne m'aime pas assez
y compris toi, Sahara,
surtout toi.

Au village historique de Claremont

Je ne me souviens pas
avoir allumé cette cigarette
et je ne me souviens pas
si je suis ici tout seul
ou si j'attends quelqu'un.
Cela fait bien longtemps
que je n'avais pas vu tant
d'hommes et de femmes
[superbes
déambuler dans le
village historique de
[Claremont.
J'ai dû m'entraîner dur
car je ne me souviens plus
comment je me suis fait ces
[muscles ;
et cette expression sereine :
je n'ai sans doute plus l'âge
de réfléchir à ces conneries.

On éloigne en vitesse les
[enfants
qui passent devant mon banc
mais les jeunes s'intéressent
profondément au sort
de cette présence
[anormalement encombrante
dans leurs cimetières secrets,
et ils se retournent
pour me regarder.
« Tu vas partir en fumée »,
dit le banc.
« Tu as soixante-deux ans »,
dit le portefeuille.
« Tâche d'introduire ta clé
dans ce logement chromé
derrière le volant.
Ça s'appelle le contact »,
dit le Nissan Pathfinder à
[sept étages.

2 mars 1997

Perturbé ce matin

Ah ! C’est ça.
C’est ça qui m’a perturbé
tant ce matin :
le désir m’est revenu
et j’ai de nouveau envie de toi.
Je m’en sortais si bien,
j’étais au-dessus de tout ça.
Garçons et filles étaient beaux
et j’étais un vieil homme, qui aime tout le monde.
Et voilà que j’ai de nouveau envie de toi,
j’ai envie de ton attention absolue,
de tes dessous roulés en hâte
encore accrochés à l’un de tes pieds
et de n’avoir rien à l’esprit
que d’être au-dedans
du seul endroit qui n’a
ni dedans,
ni dehors.

Cadavre de solitude

Elle est entrée dans mon pied avec son pied
et dans ma taille avec sa neige.
Elle est entrée dans mon cœur en disant :
« Oui, c'est bien. »
Ainsi le Cadavre de Solitude
fut recouvert du dehors
et du dedans
le Cadavre de Solitude fut étreint.
Désormais à chaque fois que je tente de respirer
face à mon manque de souffle elle murmure :
« Oui, mon amour, c'est bien, c'est bien. »

Le visage peut se composer de façon à ne jamais paraître idiot mais plutôt menaçant de déséquilibre.

Toutes mes nouvelles

1.
Je n'étais pas fait
pour la renommée
dans la moderne
ville de marché,

mais dans l'avenir
d'aucuns vont trouver
ce qui pourrait servir
à se raviser

à renoncer à la tuerie
commise au nom de la paix
pour honorer
toutes les complexités,

et peser ainsi
sur la politique
avec plus d'équilibre
avec plus de maîtrise.

Et nul ne doit
être effrayé
quand sur cette Voie
l'accord sera signé.

2.
Regarde en bas
Regarde en haut,
Vois avec l'œil
inhumain de l'Amour

non seulement le poids
des contraires
(le cœur brisé
l'embrouille apaisante),

mais ce qui engendre
chaque tournant,
le meneur va l'apprendre
sur ses genoux à elle.

Et celui que font souffrir
tous ces tourments
celui-ci va les chérir
et repliera son lit de camp.

3.
Ne déchiffrez pas
Ces cris qui sont miens.
Ils sont le chemin
Et non pas le signal.

Ni ne démontez
mon euphorie sans drogues
je suis à jeun mais
j'aime bien planer.

Puis avivé par
mon franc-parler,
pas besoin de choisir
l'antique serrure.

4.
Tantôt mystère,
et tantôt révélé
vers Toi prosterné
j'abdique toute volonté,

et ici je murmure
ma gratitude
pour chaque pleur
plein d'inquiétude ;

Qui m'a laissé rompre
les digues du temps
afin que je puisse
toucher les suivants

d'une sagesse comme
mes parents l'exprimaient
(sur une anecdote
elle s'établissait),

et en sténo de
l'esprit à naître
d'un effort Gracieux
tout d'un seul être ?

5.
Que ma chanson
non déchiffrée
réimprime les circuits
mal imprimés

et avec mon refrain
dans ton cerveau
qu'on permette au Pont
de faire arche à nouveau.

Tu as raison, Sahara

Tu as raison, Sahara. Il n'y a ni brumes, ni voiles, ni distances. Mais la brume est entourée d'une brume ; et le voile est caché derrière un voile ; et la distance s'éloigne sans cesse de la distance. C'est pourquoi il n'y a ni brumes, ni voiles, ni distances. C'est pourquoi on appelle ça la Grande distance de la Brume et des Voiles. C'est ici que Le Voyageur devient Le Vagabond, que Le Vagabond devient Celui Qui Est Perdu, que Celui Qui Est Perdu devient Celui Qui Cherche, que Celui Qui Cherche devient L'Amant Passionné, que L'Amant Passionné devient Le Mendiant, que Le Mendiant devient le Pauvre Diable, que Le Pauvre Diable devient Celui Qui Doit Être Sacrifié, que Celui Qui Doit Être Sacrifié devient Le Ressuscité et que Le Ressuscité devient Celui Qui A Transcendé La Grande Distance de la Brume Et Des Voiles. Alors pendant un millier d'années, ou pendant le reste de l'après-midi, un tel Être tournoie dans le Feu Ardent des Changements, incarnant toutes les transformations, l'une après l'autre, et puis recommençant, et puis finissant, encore et encore, 86 000 fois par seconde. Puis un tel Être, si c'est un homme, est prêt à aimer la femme Sahara ; et un tel Être, si c'est une femme, est prêt à aimer l'homme qui sait mettre en chanson la Grande Distance de la Brume et des Voiles. Est-ce toi qui attends, Sahara, ou bien moi ?

Questions au réveil

Pourquoi des nonnes radieuses par cloîtres entiers étudient-elles ta production pendant que je bois le thé qui s'appelle Mouvement Lisse, seul dans ma cabane pendant l'hiver mugissant ?

Pourquoi trônes-tu sur le Haut Siège et prononces-tu un incompréhensible discours sur La Source de Toutes Choses, qui comporte des observations contestables sur le contrat entre les hommes et les femmes, pendant qu'assis sur le plancher, tordu dans la position du lotus (qui n'est pas conçue pour les Nord-Américains), je dessine le quadrillage des villes modernes étincelantes où, loin de ton autorité, la démocratie et la romance peuvent prospérer ?

Pourquoi t'endors-tu quand, afin de te familiariser avec notre culture, je te passe des classiques du film porno ? Et puis, quand ils sont finis, pourquoi te réveilles-tu d'un seul coup en disant : « Étude amour humain intéressante, mais pas si intéressante » ?

Pourquoi le Grand Véhicule, qui roule si joyeusement par les rues alambiquées de Kyoto, ne peut-il y arriver sur les montagnes russes du Mont-Baldy ? Et s'il ne le peut pas, quel bien cela nous fait-il ?

Pourquoi les iris s'inclinent-ils devant toi, alors que de dangereuses pommes de pin tombent d'une hauteur considérable sur nos crânes chauves et sans protection ?

Pourquoi nous ordonnes-tu de parler, et puis parles-tu à notre place ?

C'est parce qu'une cloche m'a convoqué dans ta chambre, c'est parce que l'honneur de ta compagnie me laisse sans voix, c'est parce que je titube dans les effluves de quelque ineffable hospitalité, c'est parce que j'ai oublié toutes mes questions, que je me jette sur le plancher et que je me dissous dans les tiennes.

Mont-Baldy, 1998

La Lune

La lune est de sortie.
J'ai vu la grande chose toute simple
quand je suis allé pisser un coup.
J'aurais dû la regarder plus longtemps.
Je suis un piètre amoureux de la lune.
Je la vois d'un seul coup et c'est fini
entre moi et la lune.

Douceur du temps

Comme le temps paraît doux
quand il est trop tard

et qu'on n'a pas à suivre
des hanches qui ondulent

jusqu'au fond de notre
imagination moribonde

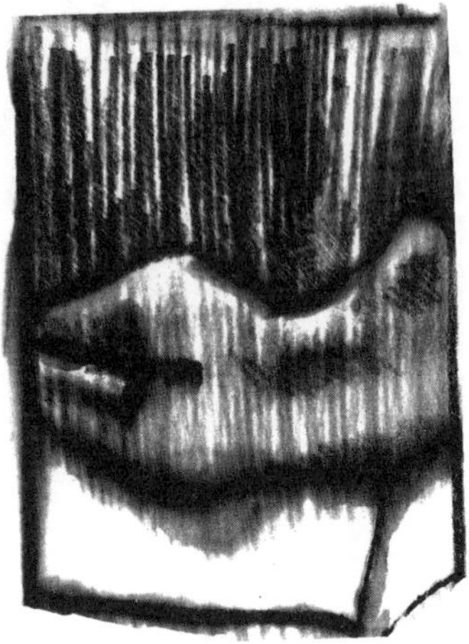

La nourriture a bon goût

La nourriture a bon goût
mais je préfère ne pas manger
Toucher une belle jeune femme
c'est un grand honneur
dans cette vallée de larmes
pardonnez-moi si je passe mon tour
ou si c'est partie remise
La méditation calme les cœurs fiévreux
c'est du moins ce que dit la publicité
mais moi ça me fait grimper aux rideaux
des cancans à perdre le souffle
Et en outre
je ne veux pas être ami avec tout le monde
car le temps m'est compté
j'en suis à jeûner
à jeûner en secret
pour maigrir de visage
afin que Di-u puisse m'aimer
comme Il le faisait avant
que j'aie le moindre intérêt
pour ces sujets-là

Rigolo

C'est si rigolo
de croire en Di-u
Vous devriez essayer un de ces jours
Essayez donc tout de suite
et vous verrez bien si
oui ou non
Di-u a envie que vous
croyiez en Lui.

Nous ne sommes pas convaincus qu'il y ait eu la moindre amélioration.

Corbeille

Tu devrais aller
par-ci par-là
repêcher les poèmes
qui ont été écrits pour toi,
auxquels tu peux donner ta signature.
Ne discute de ces sujets
avec personne.
Récupère. Récupère.
Quand la corbeille sera pleine
apparaîtra quelqu'un
à qui tu pourras l'offrir.
Elle étalera sa jupe
pour s'asseoir
sur une pierre noire
et ta corbeille dansera
telle une tache sous le soleil
sur le paysage immense
de ses cuisses.

Je crois que vous vous tenez à l'endroit où je suis censé me tenir
Montréal 2003

Au bord des sombres fleuves*

au bord des sombres fleuves
toujours vagabond
je vivais ma vie
dans Babylone

et j'ai oublié
ma chanson sacrée
et j'étais sans force
dans Babylone

au bord des sombres fleuves
d'où je ne voyais pas
qui attendait là-bas
et qui me traquait

et il m'a tranché la lèvre
et il m'a tranché le cœur
pour m'empêcher de boire
l'eau du sombre fleuve

et il m'a mis en joue
et j'ai vu au profond
de mon cœur sans loi
et de mon alliance

je ne savais pas
et je ne voyais pas
qui attendait là-bas
et qui me traquait

au bord des sombres fleuves
de panique j'ai continué

enfin j'avais ma place
dans Babylone

alors il m'a frappé au cœur
d'une force mortelle
et il a dit : « Ce cœur
ce n'est pas le tien »

et il a donné
au vent mon alliance
et m'a encerclé
de toutes choses

au bord des sombres fleuves
dans une aube blessée
je vis ma vie
dans Babylone

même si je tiens mon chant
d'une branche flétrie
le chant et l'arbre autant
tous deux chantent pour lui

la vérité soit sous silence
et s'envole la bénédiction
si jamais je ne pense
plus à ma Babylone

je ne savais pas
et je ne voyais pas
qui attendait là-bas
et qui me traquait

au bord des sombres fleuves
où tout continue
au bord des sombres fleuves
dans Babylone

L’Amour lui-même*

pour L.W.

La lumière entrait par la fenêtre,
Tout droit venant du soleil là-haut,
Et ainsi dans ma petite chambre
Plongeaient les rayons de l’Amour.

Je vis clairement dans les flots de lumière
La poussière que rarement l’on voit,
Et dont le Sans-Nom peut faire
Un Nom pour quelqu’un comme moi.

Je tâcherai d’en dire un peu plus :
L’amour continuait encore et encore
Jusqu’à trouver une porte ouverte –
Puis l’Amour Lui-même disparut.

Tout affairés dans les rais du soleil
Les grains flottaient et dansaient,
Et dans leur chute j’étais ballotté
En un désordre insensé.

Puis je revins d’où j’étais allé
Ma chambre semblait toujours la même
Mais plus rien ne demeurait
Entre le Sans-Nom et le Nom.

Je tâcherai d’en dire un peu plus encore :
L’amour continuait tant et plus
Jusqu’à trouver une porte ouverte –
Puis l’Amour Lui-même disparut.

Tu as aimé assez[*]

J’ai dit que je serais ton amant.
Tu t’es moqué de mes paroles.
J’ai perdu mon boulot pour toujours.
On m’a compté parmi les morts.

J’ai balayé les chambres de marbre,
Mais tu m’as envoyé tout en bas.
Tu m’as empêché de croire
Et puis un jour tu m’as fait savoir :

Que ce n’est pas moi qui aime –
C’est l’amour qui s’empare de moi.
Quand avec son paquet vient la haine,
Tu interdis la livraison.

Et quand le désir de tes caresses
S’élève avec le désir,
Tu soupires : « Tu as aimé assez,
C’est à mon tour d’être l’amant. »

Par mille baisers de fond*

pour Sandy 1945-1998

1.
Tu es venue me voir ce matin
Et tu m'as manié comme viande
Si tu étais un homme tu saurais
Comme c'est bon comme c'est doux
Mon double dans le miroir ma presque sœur
Je te devinerais dans mon sommeil
Et qui sinon toi pourrait me recueillir
Par mille baisers de fond

Je t'ai aimée quand tu t'es ouverte
Comme un lys à la chaleur
Je ne suis qu'un bonhomme de neige
Bravant la pluie et le grésil
Qui t'a aimée avec son amour transi
Son physique d'occasion
Avec tout ce qu'il est et tout ce qu'il fut
Par mille baisers de fond

Je sais que tu as dû me mentir
Je sais que tu as dû tricher
Pour poser altière et brûlante derrière
Les voiles de pure duplicité
Notre parfait aristocrate du porno
Si élégant et si bidon
Je suis vieux mais toujours dans le coup
Par mille baisers de fond

Et quant au vin j'en descends encore
Je danse encore joue contre joue
L'orchestre entonne *Ce n'est qu'un au revoir*
Le cœur ne veut rien lâcher
Je me suis aligné avec Diz et avec Danté
Je n'ai jamais eu leur coup de main
Mais une fois ou deux ils m'ont laissé jouer
Par mille baisers de fond

L'automne s'est glissé sous ta peau
M'a laissé quelque chose dans l'œil
Une lumière qui n'a pas besoin de vivre
Ni besoin de mourir
Une énigme dans le livre de l'amour
Obscure et passée de saison
Avant qu'on l'ait vue ici dans le temps et le sang
Par mille baisers de fond
Je suis doué pour l'amour doué pour la haine
C'est entre les deux que je suis figé
J'y ai travaillé mais il est trop tard
Il est trop tard depuis des années
Mais tu as belle allure oui pour de bon
Tu es la fierté de Boogie Street
Quelqu'un a dû mourir pour toi
Par mille baisers de fond

Je t'ai aimée quand tu t'es ouverte
Comme un lys à la chaleur
Je ne suis qu'un bonhomme de neige
Bravant la pluie et le grésil
Mais tu n'as plus besoin de m'entendre
Et chaque mot que je prononce
Est retenu contre moi de toute façon
Par mille baisers de fond

2.
Courent les poneys et jeunes sont les filles
Tu as tout en main pour vaincre
Un temps tu gagnes puis c'en est fini
De ta petite ligne de chance
Et sommée à présent de te charger
De ton invincible défaite
Tu vis ta vie comme si elle était réelle
Par mille baisers de fond

J'ai mes combines je me fais rouler
Me voilà de retour à Boogie Street
Tu perds prise puis tu te glisses
Au cœur du Chef-d'œuvre
Et peut-être avais-je de la route à faire
Et des promesses à tenir
Tu balances tout ça pour rester en vie
Par mille baisers de fond

Réduits au sexe nous nous pressions
Contre les limites de la mer
J'ai vu qu'il ne restait plus d'océans
Pour des fouille-merde dans mon genre
J'ai gagné le gaillard d'avant
J'ai béni le reste de notre flotte
Puis consenti à faire naufrage
Par mille baisers de fond

J'ai mes combines, je me fais rouler
Me voilà de retour à Boogie Street
Je présume qu'on n'échange pas les cadeaux
Que vous étiez censés garder
Et parfois quand la nuit se prolonge

Nous les miséreux et les doux
On ramasse les cœurs et on plonge
Par mille baisers de fond

Et c'est un parfum que penser à toi
Le dossier sur ton compte est complet
Sauf ce que nous avons omis de faire
Par mille baisers de fond

Coupé

Que puis-je bien faire
de cet amour qui est mien
de cette bosse poilue
de ce poison de vin

Laquelle emmènerai-je
au bord du désespoir
mon genou sur son cœur
et mes lèvres dans ses cheveux

Alors je saisirai tout mon amour
et je le couperai en deux
et il y aura une part pour moi
et aussi une part pour toi

Et nous boirons le vin
et nous cacherons le mât
et l'amant gémira
et l'autre rigolera

Et j'irai jusqu'à ton lit
et me coucherai à côté de toi
et j'enterrerai les ossements
et j'épouserai la mariée

Et tu en feras de même
quand tu viendras jusqu'à ma chambre
tu creuseras dans ma crasse
pour y enfouir le marié

Et je jure sur cet amour
qui est vivant et mort aussi
que nous serons séparés
et que nous serons unis

Mont-Baldy, 1994

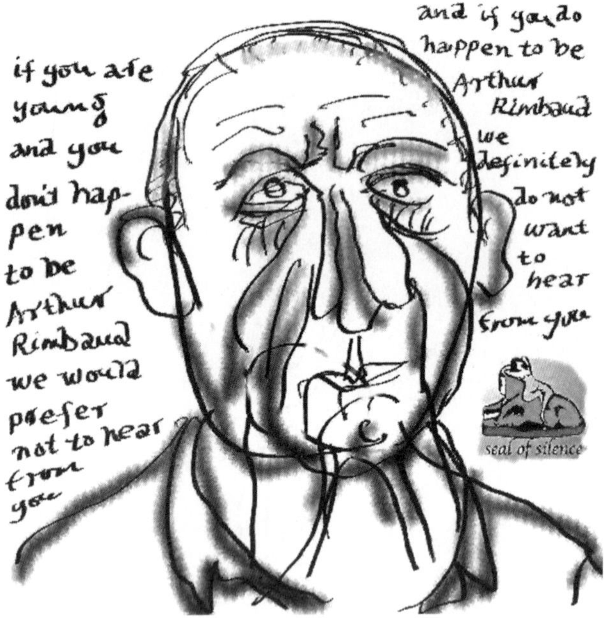

Si vous êtes jeune et s'il ne se trouve pas que vous soyez Arthur Rimbaud nous préférerions ne pas entendre parler de vous et s'il se trouve bien que vous soyez Arthur Rimbaud nous ne voulons en aucun cas entendre parler de vous.

[Sur le sceau, à droite :] *sceau du silence*

Alexandra s'en va*

d'après « Antoine abandonné de Dieu » de C. Cavafy

Subitement la nuit s'est refroidie.
Une divinité est sur le départ.
Alexandra hissée sur son épaule,
ils se glissent entre les sentinelles de ton cœur.

Soutenus par la simplicité du plaisir,
ils gagnent la lumière, informes ils s'entrelacent ;
et radieux au-delà de l'imaginable
s'écroulent au milieu des voix et du vin.

Ce n'est pas une ruse, tes sens qui te trahissent
un rêve agité que le matin consume –
Dis au revoir à Alexandra qui s'en va.
Puis dis au revoir à Alexandra perdue.

Et même si elle dort sur ton satin.
Et même si d'un baiser elle te réveille.
Ne dis pas que l'instant fut imaginé.
Ne t'abaisse pas à des stratégies pareilles.

Comme celui qui s'est préparé longtemps à l'événement,
va d'un pas ferme à la fenêtre. Remplis-toi de tout cela.
De l'exquise musique. Des rires d'Alexandra.
De tes premiers engagements à nouveau palpables.

Toi qui as eu l'honneur d'une soirée avec elle,
et restauré ainsi ton propre honneur –
Dis au revoir à Alexandra qui s'en va.
Alexandra qui s'en va avec son seigneur.

Comme celui qui s'est préparé longtemps pour l'occasion ;
Exécutant sans faille chaque plan que tu as ruiné –
Ne choisis pas l'explication du lâche
caché derrière la cause et l'effet.

Toi que le sens d'un mot stupéfia
dont le code fut déchiffré, le crucifix décroisé –
Dis au revoir à Alexandra qui s'en va.
Puis dis au revoir à Alexandra perdue.

Hydra, Grèce, septembre 1999

Ces portraits sont bien en-deçà de mon développement réel par exemple :
j'ai renoncé au trône, le temporel comme le spirituel, alors que sur cette page j'ai l'air d'être profondément soucieux à cause d'une chose ou d'une autre. C'est simplement une vieille habitude du visage.

2 septembre 2003
[Sur le médaillon :] *Ordre du cœur unifié*

Chanson portoricaine

Le Cœur Brisé du Diable
c'était ça la chanson
et c'était le diable qui la chantait
et quiconque entendait cette chanson
ne serait plus jamais le même
et dans le cœur de chacun
de ces hommes et de ces femmes qui entendaient
Le Cœur Brisé du Diable
faiblissait la faiblesse
et se fortifiait le Christ d'Amour
et les gens allèrent se coucher cette nuit-là
en se tenant les uns aux autres
comme si le reste n'était que mort
Je l'ai écoutée
avec Armand et Oscar Dorente
et Kathy Hanking
et tout un tas de gens
que je n'ai jamais revus

Boogie Street*

Une gorgée de vin, une cigarette,
et puis c'est l'heure d'y aller.
J'ai rangé la kitchenette.
J'ai accordé le vieux banjo.
On m'attend dans l'embouteillage.
On me garde une place assise.
Je suis ce que je suis, et ce que je suis
est de retour dans Boogie Street.

Ô mon amour, toujours je me rappelle
les plaisirs que nous avons connus,

cascades et rivières dans lesquelles
avec toi je me suis baigné.
Je m'agenouillais, émerveillé par
ta beauté et je t'essuyais les pieds.
Un tel enseignement vous prépare
un homme pour Boogie Street.

Venez donc, mes amis, n'ayez pas peur.
On se sent si léger ici.
C'est dans l'amour que l'on nous crée,
dans l'amour que nous disparaissons.
Même si les cartes du sang et de la chair
sont toutes sur la porte affichées,
personne encore n'a pu nous dire
à quoi peut servir Boogie Street.

Ô Couronne de Lumière, Ô obscure entité,
jamais je n'aurais cru te rencontrer.
Tu baises mes lèvres et puis c'est fait :
je suis de retour dans Boogie Street.

Une faible mesure

Dès que j'ai eu compris
(même dans une faible mesure)
que ce monde est celui de Di-u
immédiatement
je me suis mis à perdre du poids
En ce moment même
je porte
ma tenue de hockey
de classe de sixième

Une vie de livraisons

Avec De La Chance
Tu Vieilliras
Et Mèneras
Une Vie De Livraisons.
Tu Discerneras
Les Besoins Des Gens
Et Y Pourvoiras
Avant Qu'ils Le Demandent.
Au Volant De Ta Voiture
Tu Iras Ici Et Là
Livrer Et Charger
Et Ni La Circulation
Ni La Météo
Ne T'Embêteront
Le Moins Du Monde :
Tu Fonceras
Sur La Route 405
Jusqu'À San Diego
Pour Récupérer Un Gland
Pour Un Proverbe
Et Caetera Et Ainsi De Suite.
Malgré La Douleur
Dans Ton cœur
À Cause De La Fille Que Tu
N'As Jamais Trouvée
Et Le Fait Que
Après Des Années De
Rigueur Spirituelle
Tu Ne Sois Pas Parvenu
À Ta Propre Illumination
Une Certaine Jovialité
Commencera À
Poindre De Tes
Espoirs Et Intentions Anéantis.
Avec Quelle Ardeur
Tu Te Saisis De Ta
Prochaine Mission :
Aller Fouiller Dans
Les Lunettes De Soleil
Aux Objets Trouvés
De Las Vegas
À Tout Juste Quelques
[Heures
De Traversée Du Désert.
Tes Cheveux Sont Blancs
Tu As Des Seins
Et Une Bouée
Par-Dessus La Ceinture
Tu N'Es Plus Un Petit Garçon,
Ni Même Un Homme

Mais Un Certain Sens
[De La Gratitude
Anime Chacun
De Tes Mouvements.
Oui, Monsieur, C'Est Bien La
Paire À Montures En Or
Qu'Elle A Laissée Sur Le
[Plateau en Plastique
À Côté Des Machines
À Pièces D'Un Dollar.
Non, Monsieur, Je Ne
[Mens Pas.

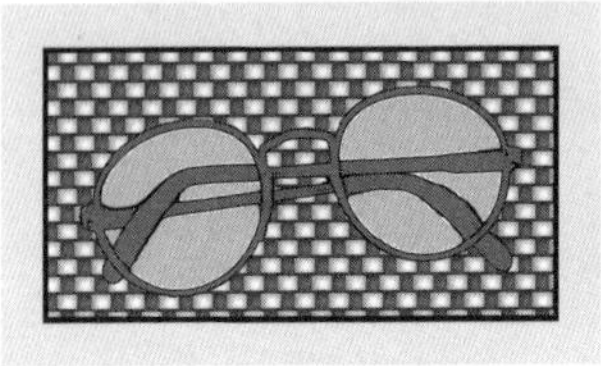

Souhaitez-moi bonne chance

une toile d'araignée toute neuve
ondoyant
comme un spinnaker
en travers de la fenêtre ouverte
et le voici
le petit capitaine
qui dérive
sur un filament de lait
souhaitez-moi bonne chance
amiral
cela fait longtemps
que je n'ai rien terminé

Mission

J'ai œuvré à mon œuvre
J'ai sommeillé à mon sommeil
J'ai trépassé à mon trépas
Et à présent je peux vous laisser

Laisser ce dont il est besoin
Et laisser ce qui est plein
Besoin en l'Esprit
Et besoin au fond du trou

Mon adorée, je suis à toi
Comme depuis toujours
De la moelle jusqu'aux pores
Du désir jusqu'à la peau

Maintenant que ma mission
Vient à se terminer :
Priez qu'on me pardonne
La vie que j'ai menée

Le Corps que je pourchassais
Lui aussi me pourchassa
Mon désir est un lieu
Mon agonie une voile

Statues religieuses

Au bout d'un moment
je me suis mis à jouer avec des poupées
j'aimais leurs expressions paisibles
Toutes avaient leur place
dans un coin de la Chambre 315

Je me disais :
peu importe
que Leonard ne puisse respirer
qu'il soit désespérément impliqué
dans la panique de la situation

J'allumais une cigarette
et un bâton de Nag Champa
l'un et l'autre brûlaient trop vite
sous les pales du ventilateur

Puis il se pouvait que je dise
quelque chose du genre :
Merci pour
mes conditions de vie
qui sans douleur montrent
si clairement mon impuissance
à faire quoi que ce soit

et je regardais CNN
le reste de la nuit
mais désormais
d'un point de vue
complètement différent

L'une des poupées

Ce qui l'a fait

L'une de mes connaissances m'a raconté
que le grand sage
Nisargadatta Maharaj
lui offrit un jour une cigarette.
« Merci, Monsieur, mais je ne fume pas. »
« Vous ne fumez pas ? dit le maître,
À quoi bon vivre ? »

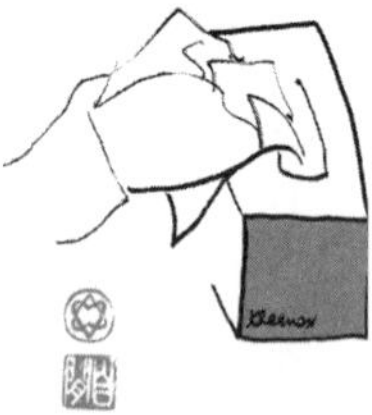

La Question de la cigarette

Voilà que ça recommence
et comme la première fois
la fille s'appelle Claire
et elle est française
Mais cette fois-ci
le gars s'appelle Jikan
et c'est un vieil homme

Ce n'est plus la Grèce
c'est l'Inde
le nouvel endroit pour le malheur
mais cette fois-ci
le gars n'est pas malheureux
de son malheur
et Claire aussi a remarqué
que le gars a soixante-cinq ans

Mais ce qui est exactement pareil
c'est la promesse, la beauté
et le salut
par les cigarettes
le petit Parthénon
d'un paquet de cigarettes ouvert

et Bombay, comme l'Athènes
d'il y a quarante ans,
est une ville pour fumer

Bon, ça suffit pour l'instant
je vais pouvoir l'aimer
et aussi aimer le restant de mes jours
grâce à mon expérience des livres

Ma mère me manque

Je veux l'emmener en Inde
Et lui acheter
De l'or et des bijoux
Je veux l'entendre soupirer
Pour les pauvres dans la rue
Et s'émerveiller
Du gris impitoyable
De la Mer d'Arabie
Elle avait raison sur toute la ligne
Y compris sur mon idiote de guitare
Et sur ce qu'elle m'a amené à faire
Elle trouverait un sens
Aux drapeaux en coton
Aux chagrins du port
Aux arcades du passé
Elle me caresserait doucement la tête
En bénissant ma saleté de chanson

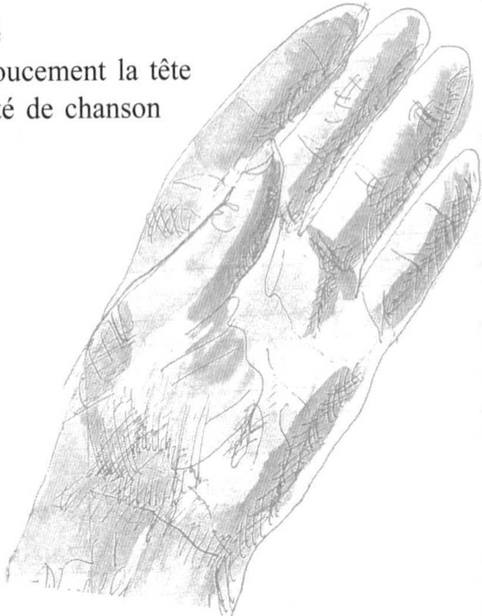

Les Milliers

Sur les milliers
qui sont connus,
ou veulent être connus
comme poètes,
peut-être en est-il un ou deux
qui soient authentiques,
et les autres sont des imposteurs
qui traînent autour de l'enceinte sacrée
à essayer de ressembler à la chose véritable.
Inutile de le dire,
je fais partie des imposteurs
et ceci est mon histoire.

Ma Chérie n'était pas là

Ma Chérie n'était pas là
Quand j'ai voulu éprouver Son amour
Mais aujourd'hui elle sera là
J'en prie Di-u là-haut

Je glisserai un regard ou deux
Et si je La vois qui fond
Je saurai qu'elle était vraie
En moi cette sensation

Mon cœur ressemble à un chardon
Et le sien à un Arbre
Mon cœur est sec et déchiré
Le sien est un Baldaquin

J'ai veillé toute la nuit
Et voici tout ce que j'ai récolté
Ce n'est pas juste je le sais
Mais rien ne l'est vraiment

Elle se tient là à Sa Machine
D'un pas léger je descendrai l'allée
Et s'il doit en être ainsi
Elle m'accueillera d'un Sourire

Alors je serai si heureux
Que je vivrai un jour de plus
Et Lui saurai gré de Sa Charité
Avant de m'éloigner en boitant

À la taverne *Chez Dusko*, 1967

Ils chantent encore en bas *Chez Dusko*,
assis sous l'antique pin,
dans la nuit profonde d'étoiles fixes ou filantes.
Si tu vas à la fenêtre tu les entendras.
C'est une noce qui se termine,
ou peut-être un jeune gars qui part à l'aube en bateau.
Il y a une place pour toi à la table,
du vin pour toi et des pommes du continent,
un espace dans les chansons pour ta voix.
Enfile vite quelque chose,
et quels que soient ces gens tu dois leur dire
que tu t'en vas,
dis-leur, ou emmène-les, mais dépêche-toi :
on t'a envoyé chercher
– l'appel t'est parvenu –
on n'attendra pas éternellement.
On n'attend même plus maintenant.

Malséant

Il est malséant
de te trouver
dans un lieu de distractions
à tenter d'oublier
l'infime horreur
de ces derniers millions
[d'années

Par-dessus tout
je déteste le vaillant violon
qui frotte son archet contre
le parti du massacre
comme pour en déduire
que les tueurs sont faibles
et que les victimes
l'emporteront
Ce rêve complique le
cauchemar
Il retourne le cauchemar
comme un gant
Dégage le violon

Et mets ton courage de côté
N'as-tu pas remarqué
comment les brutes
et les buveurs de sang
sont attirés vers ton courage
À leurs yeux
c'est une provocation

Rends-le aux rochers
à la boue
à ce qui soutient la boue
mets fin à cette hideuse
[expérience
sur le cœur humain

Je t'en prie
ne recommence pas
à me raconter cette gare
[déserte
où chacun a déshabillé
[l'autre
sous une grêle de pépins
[de pommes

Et cette voix de
[l'entendement
plein d'ignorance –
fais l'expérience
de l'humiliation profonde
quand le raz-de-marée du
[silence
refuse de l'affirmer

Tiens-toi là
dans la vanité
de ta solitude

Convoque les larmes
[éphémères
le rire superficiel
les réconforts
qui se plient
à ta souffrance
et étreignent ta défaite

Tiens-toi là
avec ta chair de poule
et ta fierté
le torse bombé
dans les guenilles érotiques
de la religion

J'espère sincèrement
que nous ne serons pas
amenés à nous revoir
au prochain amusement

1979

Le Vieux Self de la 23e Rue

Je me suis aventuré dans le self
Coiffé d'une sorte de chapeau religieux
Les boulettes de viande étaient rondes
Et les crêpes étaient plates
J'ai demandé à Di-u au ciel
De le garder comme ça

1970

Paris again
the great Mouth Culture
oysters and cheese
explanations to everyone

Paris encore une fois
la grande Culture de Bouche
huîtres et fromage
explications pour tous

Trop vieux

Je suis trop vieux
pour apprendre les noms
des nouveaux tueurs
En voici un qui
semble las et séduisant
dévoué, professoral
Il ressemble beaucoup à moi
du temps où j'enseignais
une forme radicale
   [de bouddhisme
aux détraqués incurables
Au nom de l'antique
magie de haut vol
il ordonne
à des familles entières
   [de se faire brûler vives
et à des enfants de se mutiler
Il connaît probablement
une ou deux chansons
   [que j'ai écrites
Tous ceux-là
tous ceux qui baignent
   [les mains dans le sang
les bouffeurs d'entrailles
et les arracheurs de scalps
ils ont tous dansé
sur la musique des Beatles
ils ont vénéré Bob Dylan

Chers amis
il en reste très peu
   [parmi nous
réduits au silence
tremblant tout le temps
cachés là où coule le sang
fanatiques stupéfaits
quand nous échangeons
   [nos témoignages
sur la vieille atrocité
la vieille atrocité périmée
qui a arraché
l'appétit chaleureux du
   [cœur
rabaissé l'évolution
et rendu la prière à vomir

La Plage à Kamini

Les voiliers
        l'eau argentée
les cristaux de sel
        sur ses cils
Le monde entier
        soudain et étincelant
l'instant avant que Di-u
        ne t'ait retourné vers le dedans

Pendant la journée

Je suis assis
À la fenêtre
À attendre de te voir
Passer faire ton jogging
En uniforme crucifix
Tu me fais penser à moi
Peut-être (je m'interroge sans raison)
Pourrais-je te consoler
J'aime les sillons entre tes yeux
Et les ravages de l'angoisse
Qui barrent ton expression crispée
Tu as le visage neuf
Le visage à venir
Le visage d'aucune expérience objective
Et tu as choisi le chemin du muscle
Qui mène à ton chagrin
Comme tu es secret
Dans les pensées de chacun
Je te salue
Esprit courageux
Qui a tant avalé
Et si peu goûté

Ma drogue secrète, c'est la mort.
J'en prends à chaque fois que je te vois
et que tu ne me vois pas.

Éclats de rire dans le Panthéon

J'ai apprécié les rires
vieux poètes
quand vous m'avez accueilli

mais je ne vais pas
m'attarder ici
vous non plus d'ailleurs

1985

Cher journal intime

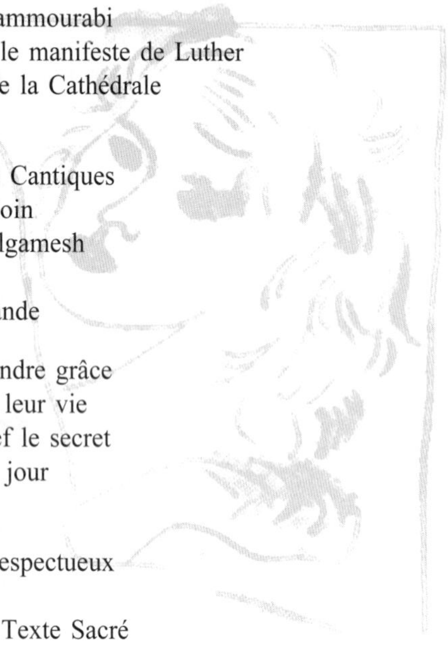

Tu es plus grandiose que la Bible
La Conférence des Oiseaux
Et les Upanishads
Tous réunis

Tu es plus sévère
Que les Écritures
Et que le Code d'Hammourabi
Plus dangereux que le manifeste de Luther
Cloué sur la porte de la Cathédrale

Tu es plus doux
Que le Cantique des Cantiques
Plus puissant et de loin
Que l'Épopée de Gilgamesh
Et plus intrépide
Que les Sagas d'Islande

Je m'incline pour rendre grâce
À ceux qui donnent leur vie
Pour garder sous clef le secret
Le secret de chaque jour

Cher journal intime
Sans vouloir être irrespectueux
Tu es plus sublime
Que n'importe quel Texte Sacré

Parfois la simple liste
Des évènements de ma vie
Est plus sainte que la Déclaration des Droits
Et plus intense

Le Froid

Le froid me saisit
et je grelotte
Le vin
a raison de mes larmes
La nuit me met au lit
et les chagrins
me rendent plus résolu
Ton nom se consume
sous une statue
Même quand j'étais avec toi
je voulais être là
La pluie dégrafe ma ceinture
Le vent donne forme
à ton absence
j'entre et sors
du Cœur Unique
sans plus lutter
pour être libre

Potion magique

Je me lève trop tard
La journée est perdue
Je ne bénis pas le coq
Je ne me passe pas les mains à l'eau
Et puis il fait noir
et je jette un œil dans tous les coins
de la rue Saint-Denis
je parle même religion
aux autres glandeurs
en quête, comme moi, de nouvelles femmes
Au lit je m'endors
au milieu d'un Psaume
que je lis en guise
de potion magique

Montréal, 1975

La vérité de la ligne surpasse toutes les autres considérations.

La Question de Layton

Toujours quand je viens de lui dire
ce que je compte faire ensuite,
Layton s'enquiert d'un air solennel :
Leonard, es-tu sûr
de faire le mauvais choix ?

IRVING
d'après une photo de Laszlo

Si tu savais

si tu savais combien nous t'aimons
tu te voilerais la face
tu arrêterais de déconner
avec cette passion
qui a tué trois cent mille personnes
à Hiroshima
ou qui a ramassé des cailloux sur la lune
avant de les réduire en poussière
à la recherche de toi
à la recherche de ton encouragement perdu

J'ai écrit pour l'amour

J'ai écrit pour l'amour.
Puis j'ai écrit pour l'argent.
Avec quelqu'un comme moi
C'est la même chose.

1975

On m'a donné une médaille pour avoir rêvé de toi.

Lorca vit

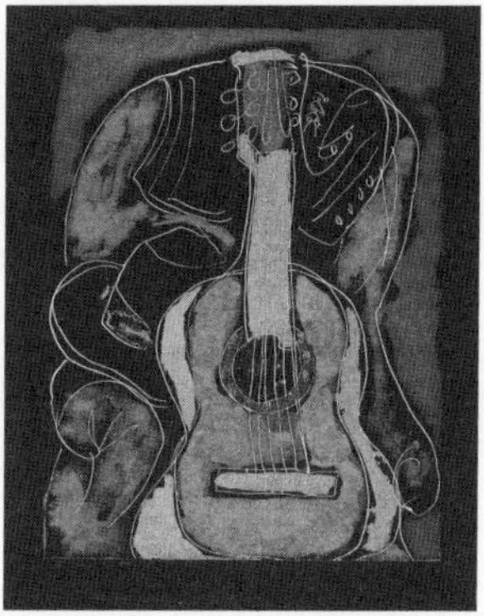

Lorca vit à New York
Il n'est jamais rentré en Espagne
Il est allé un temps à Cuba
Mais il est de retour en ville

Il en a assez des gitans
Et il en a assez de la mer
Il a horreur de jouer sur sa vieille guitare
Elle n'a plus qu'une clé

Il a entendu dire qu'on l'a abattu
Il n'en est rien, vous savez
Il vit à New York
À vrai dire ça ne lui plaît pas trop

La pitié me renvoie

Une femme que je désire –
Un honneur que je convoite –
Un lieu où je veux héberger mon esprit –
Et puis la pitié me renvoie
À l'accord parfait
Et à la crise du chant.

La Tradition

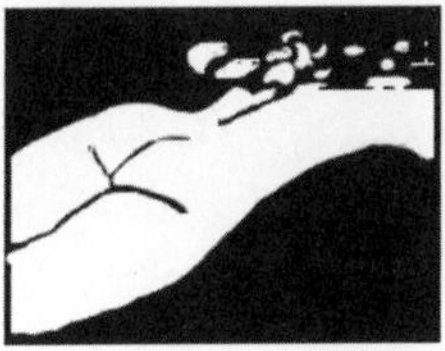

Du jazz à la radio
Le 32 dans le tiroir du bureau
Le pinceau en main
Le cœur triste en perdition
Il dessine une femme
Le sax le dit mieux
La froide nuit de mars le dit mieux
Tout à part son cœur et sa main
Le dit mieux
Et voici une femme sur le papier
Voici qu'il y a des couleurs
Voici une ombre sur sa taille
Il connaît sa propre compagnie
Les surprises
De la patience et de la solitude tumultueuse
Il reconnaît le morceau
À l'écoute de sa station
La façon de laisser les variations
Qu'il ne sait pas jouer
Le relier à ceux qui savent
Et la femme sur le papier
Qui jamais ne fendra l'air de sa beauté
Elle aussi est d'ici

Elle aussi a sa place
Dans le sous-sol du vaste musée
Non qu'il puisse s'en vanter
Même à ses propres yeux
Non qu'il ose appeler cela
Une sorte de Chemin
Jamais il ne démêlera
Ni ne rehaussera
Les circonstances
Qui l'attachent à cette solitude
Ou qui ployant sous l'amour
Englobent la soudaine miséricorde
Qui inonde la chambre
Et la dissout à présent
Dans la lumière d'or de la tradition

My Metal Cup

Ma Tasse en Métal

De bons Allemands

Tu m'as emmené dans ta famille
Tu m'as averti bien avant
que ton père était un fasciste
et ta mère une putain

J'ai été quelque peu déçu
Cela me barbait de dire la vérité :
tes vieux ne sont que de bons Allemands
mais toi, tu es Jeunesse Hitlérienne

Alors je vais habiter en Chine
où l'offre est plus avantageuse
où l'on a pour assassin un poète
et une fille pour camarade

1973

Si je pouvais t'aider

Si je pouvais t'aider, mon pote, je le ferais
Vraiment je le ferais
Je prierais pour toi
Je ferais apparaître les muscles sur ton dos
Je t'emmènerais jusqu'à un pont
que les gens trouvent beau
S'il y avait la plus mince chance
qu'elle te plaise
je t'offrirais cette moto
Je passerais tes chansons sur le juke-box
si tu étais chanteur
Je t'aiderais à franchir
cette fêlure dans ta vie
Pour toi je mourrais
de nouveau sur la croix
Pour toi je ferais toutes ces choses-là
car je suis le Seigneur de ta vie
mais tu t'es tant éloigné de moi
que j'ai décidé de t'étreindre ici même
avec ce que j'ai en moi de plus impénétrable
Tu as toujours voulu être brave et sincère
Alors respire à fond
et commence ta grande aventure
avec l'écrasante solitude

UN REGARD PRIVÉ

Bien qu'il fût bâti pour voir le monde ainsi, il fut aussi bâti pour passer outre, pour être libéré de la façon dont il fut bâti pour voir le monde

La Zappeuse

Souvent je pense à toi
quand je suis allongé tout seul dans
ma chambre la bouche
ouverte et la zappeuse
perdue quelque part dans le lit

Les Brumes de la pornographie

lorsque tu as émergé des brumes
de la pornographie
avec tes discours sur le mariage
et les partouzes
je n'étais qu'un jeune homme
de cinquante-sept ans
qui tentait de gagner quelques sous vite fait
dans la file des pas pressés

c'était dix ans trop tard
mais pour finir j'ai eu
la plus belle fille
de la gauche religieuse
afin d'aller avec ses lèvres
là où il n'y a pas de soleil

l'art de la chanson
m'habitait jusqu'à la moelle
le café était fou de moi
jamais je ne répondais
quand le téléphone sonnait
et je disais une prière
pour quiconque appelait
sans laisser de message

telle était ma vie
à Los Angeles
quand lentement tu as
ôté ton chandail jaune
et que j'ai bavé sur
ta croupe de garçonne
et que j'ai essayé d'être
un mari
pour tes intentions
sombres et maternelles

je te remercie
pour ces chansons pompeuses
que j'ai réussi à terminer
au lieu de te ….er
plus souvent
et pour ces heures que tu m'as accordées
sur un noir tapis de méditation
à gloser sur mon
pedigree aristocratique raté
pour renverser la vulgarité
et remettre l'Amérique d'aplomb
grâce aux fils barbelés
et aux battements réguliers
de la rime

et maintenant que nous ne
sommes plus là
je dispose de mille ans
pour te dire comment je m'élève
sur toute chose qui s'élève
comment je suis devenu cet amant
que tu voulais tant
qui n'a d'autre vie
que ta beauté
qui est nu et qui ploie

sous ton quota de désir
je dispose de mille ans
pour être ton jumeau
le reflet aimant
qui naquit avec toi

je suis enfin libre
de te coincer
devant mon Polaroïd
pendant que tu enflammes
mon sonotone
de tes vigoureuses obscénités

ta panique ne peut me dépêcher ici
et ma panique et mes épaules
pendantes
nos vies sans vergogne
sont les graines
semées pour une offrande
devant les hauteurs bouleversantes
de notre amour
et l'autre versant de ton angoisse
est un hamac de sueur
et de gémissements
et des générations du papillon
s'accouplent et tombent
tandis que nous défaisons les différences
et que le temps descend
comme le plus petit animal chéri de Di-u
pour nous lécher les doigts
alors que nous dormons
dans l'entrelacs
de lanières et de bracelets

et Oh ! la douceur des premières nuits
et des vingt-troisièmes nuits et des nuits
d'après la mort et l'amertume
douceur de ce matin même
les abeilles qui se cognent dans
les roses trémières brisées
et l'ordre impeccable
des objets sur la table
l'incongruité imperceptible
de toutes nos vieilles intentions
tandis que nous
tandis que nous
défaisons toute différence

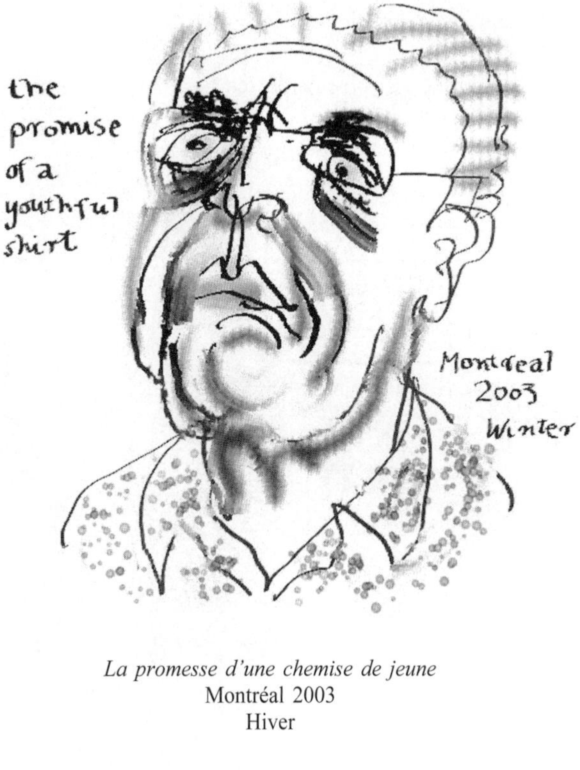

La promesse d'une chemise de jeune
Montréal 2003
Hiver

Retard

« Je peux me retenir un sacré bout de temps ; je ne parle pas
avant que les eaux débordent de leurs berges
et fassent céder les digues. »

C’est ainsi que j’ai pu retarder ce livre bien au-delà
de la fin du XXe siècle.

Après-midi montréalaise

Henry et moi
nous couvrons la tête
et écrivons quelques poèmes
Le livre de prières est ouvert
la radio allumée
Henry dit : Ils ne
jouent pas ça comme il faut,
ça devrait être plus rapide.
La porte de la cuisine est ouverte
Il pleut
Henry dit : Je suis désolé d'avoir tué ton père
C'était un accident de chasse
Le rabbin Zerkine vient
nous rejoindre dare-dare
il traverse la ville détrempée
avec les châles de prière en laine
qu'il nous a promis
au téléphone
Henry dit : En l'an
seize cent mille
deux cent vingt-neuf
tu commenceras un commentaire
sur la Choumach
en l'an quatorze mille
quatre cent quarante-trois
c'est moi qui commencerai un commentaire
sur la Choumach

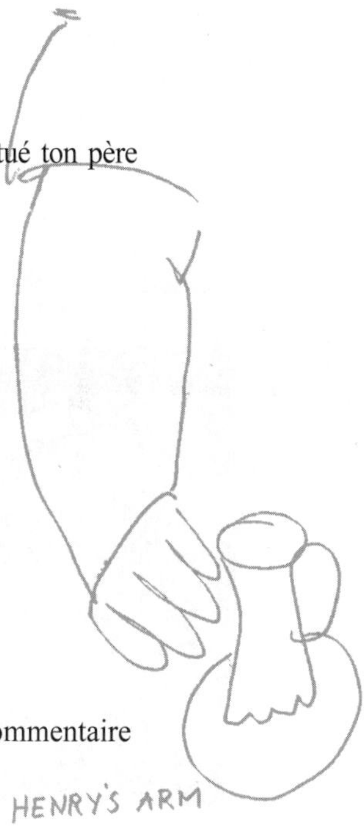

Le bras de Henry

J'intitulerai le mien *Tzim Tzimay Ha Yerak*
ce qui veut dire
Les Verts contractés de la Verdure ;
ensuite nous écrirons ensemble un livre
qui s'intitulera *Glands* et *Autres Feuilles*
ou
Les Vertes Collines Ensoleillées
Nous fumons des Players Medium
buvons des tasses d'eau brûlante
en attendant le rabbin Zerkine
Henry dit : Je suis désolé d'avoir tué ton père
C'était un accident de chasse
Mais il reviendra
Tout comme la Reine Elizabeth Première

Lecture pour le Premier ministre

Besoin des amphés

besoin des amphés
besoin du vin
besoin du plaisir
entre mes reins

besoin de ta main
pour m'arracher
besoin de ta mouille
sur mon museau

besoin de voir
que je n'ai jamais vu
ton besoin de moi
ton désir brut

besoin d'entendre
que je n'ai jamais entendu
contre mon oreille
tes mots crus

besoin de toi
pour me convoquer
comme la lune au-dessus
de la mer frissonnante

besoin de savoir
que je n'ai jamais su
cette marée qui
montait de toi

besoin de sentir
que je n'ai jamais senti
cette attraction de
ton aimant sur moi

voilà elle s'évanouit
voilà elle s'est envolée
la rage hormonale
la chanson agitée

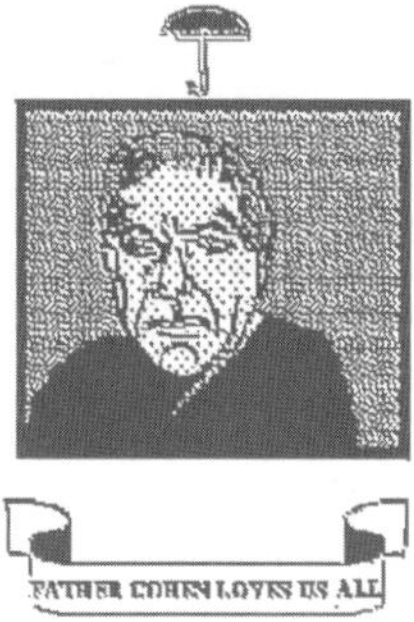

LE PÈRE COHEN NOUS AIME TOUS

Comment avais-je pu douter ?

j'ai cessé de te chercher
j'ai cessé de t'attendre
j'ai cessé d'en pincer pour toi
et me suis mis à en pincer pour moi
j'ai vieilli rapidement
je suis devenu gras du visage
et mou du bide
et j'ai oublié avoir jamais eu de l'amour pour toi
j'étais vieux
je n'avais ni centre d'intérêt ni mission
je tournais en rond à manger et à acheter
des habits de plus en plus amples
et j'ai oublié pourquoi je détestais
tous ces longs moments qu'il me fallait combler
Pourquoi me revenir ce soir
Je ne peux même pas me lever de cette chaise
Les larmes me coulent sur les joues
me revoilà amoureux
et je peux vivre comme ça

Voix dictant dans un avion au-dessus de l'Europe

Leonardos,
je ne suis plus solitaire.
J'accepterai ton amitié maintenant
si tu peux dire
quelque chose de vrai sur moi.
C'est exact,
j'avais un cardigan rouge
que d'habitude
je portais le soir.
Les années nous ont réunis.
Redresse ton dossier.
Tu atterris à Vienne
où je m'étais suicidé
en mil neuf cent soixante-deux.

Le Grand Événement

Il va se produire très bientôt. Le grand événement qui mettra fin à l'horreur. Qui mettra fin au chagrin. Mardi prochain, quand le soleil descendra, je jouerai la Sonate au Clair de Lune à l'envers. Ceci inversera les effets de la folie du monde plongeant dans la souffrance depuis 200 millions d'années. Quelle nuit merveilleuse ce sera ! Quel soupir de soulagement, de voir les rouges-gorges séniles redevenir écarlates, et les rossignols à la retraite relever leurs queues poussiéreuses, pour affirmer la majesté de la création !

Le Ciel de Paris

Le ciel de Paris
son bleu son éclat
je veux y voler
de toutes mes forces

Longues sont ses jambes
et noble est son cœur
Solides sont les chaînes
oui mais moi de même

L'Histoire jusqu'à présent

Des choses ont volé de toutes parts le jour où je suis né. Le vent soufflait. Des feuilles mortes s'écrasaient contre les murs de l'Hôpital d'Homéopathie. J'étais vivant. J'étais vivant au milieu de l'horreur.

Les Donateurs se serrèrent contre moi comme une équipe de rugby. Ils se mirent à me donner des choses et puis à me les retirer. Les choses qui n'allaient pas, ils les rejetaient dans l'Entonnoir du Vide. Nombreux étaient les cadeaux et nombreux les avertissements qui les accompagnaient.

Nous te donnons un cœur formidable, mais si tu bois du vin tu commenceras à détester le monde. La lune est ta sœur, mais si tu prends des somnifères tu te retrouveras en compagnie de femmes malheureuses. Chaque fois que tu t'agripperas à l'amour, tu perdras un flocon de ta mémoire.

Ma mère était couchée non loin de là et je l'entendis s'écrier « Il n'est pas à moi ! » Ma noble génitrice criait à mes seules oreilles sur son lit de sang et d'eau. Je l'entendis prononcer ces mots et, dans un hurlement de joie, je la remerciai d'avoir dit la vérité. Je n'étais pas né dans une famille. J'étais tout à fait protégé.

Partout les marteaux s'abattaient sur des nourrissons, mais, moi, j'étais sauvé des eaux dans la belle terre d'automne de l'Égypte.

La Plus Douce Petite Chanson

Va ton chemin
J'irai ton chemin aussi

Chose

Je suis cette chose qui a besoin de chanter
J'aime chanter
pour l'autre chose de ma bien-aimée
et pour mon Di-u cher et doux
J'aime chanter pour Lui et pour elle
et pour la fourrure au bas du ventre de ma chérie
si sainte que je veux descendre à genoux
d'une haute falaise
et voguer en chantant
dans le vent
si aimable
à mon esprit doux comme plume
Je suis cette chose
qui veut chanter
quand je me heurte au mépris
et au crachat des juges
Ô DI-U je veux chanter
Je suis
CETTE CHOSE QUI A BESOIN DE CHANTER

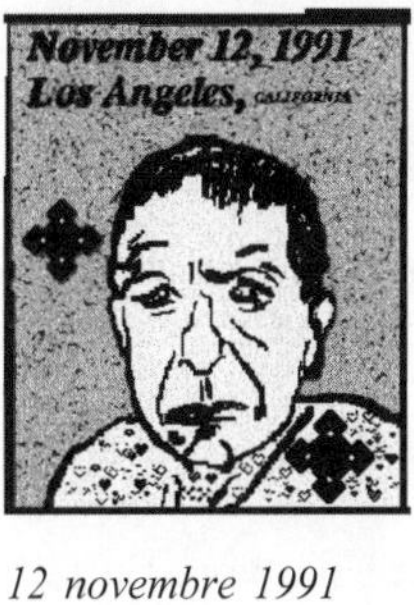

12 novembre 1991
Los Angeles, CALIFORNIE

Stances pour H. M.

Ô parfait gentilhomme et champion
du Trône Royal ; Ô pierre sans faille
du cœur du Sinaï ; Ô Héros[5] de Verdun ;
notre plus grand poète jusqu'ici inconnu,
dont toujours la bannière a flotté sur la mort,
dans les déserts de pauvreté et de solitude ;
je te remercie pour les années que tu as passées seul
sans rien à quoi te raccrocher sauf une atmosphère
de gloire, à la recherche de mots
que l'Amour ne saurait occulter

(Nous t'avons perdu quelque temps. Les médecins
[ont testé
leur science d'espérance sur une âme élue,
mais cette âme élue était assise au côté
de Di-u, et touchée par Lui, encore verte et entière,
quoique brisée aux yeux des hommes, sous
[Son emprise.)
Ô ami qui pardonnas à tous ceux qui vinrent
illuminer tes ténèbres et assombrir ton auréole,
accepte cet hommage maladroit à ton renom
(et ne va pas par Modestie le contester d'emblée.)

Nous ne savons pas quelle Volonté ou quelle voix t'a fait
t'envoler du haut du viaduc Décarie[6] ;

nous ne savons pas à quel Hébreu tu as obéi
pour élever tes pieds si loin du sable et de l'herbe
et défier l'air, Ô fidèle Anabas –
mais béni soit Celui qui t'a sauvé là-haut,
et béni soit Son Nom, et tous ses autres Noms
Celui qui t'a donné, sur cet escalier immatériel,
Les plus beaux chants de deuil et de consolation amoureuse
[que nous ayons.

Cher Henry, je sais que tu me pardonneras ces
vers, leur ton antique et maladroit,
car ils sont sincères et non pas simples obsèques,
et malgré toute leur rhétorique ampoulée
ce n'est qu'un geste envers l'homme, qui est l'un des tiens,
dont l'amitié est si rare, l'art si pur,
que la simplicité en est éblouie, puis anéantie –
inquiet et intimidé dois-je dissimuler mon amour
derrière la grandeur déchue de la littérature.

Je ne sais plus du tout où je vais.
Je me trouve une table et une chaise.
J'attends, mais ce que j'attends je l'ignore.
Je change la chambre, le pays, je compare le fracas de ma
grosse artillerie à la modestie de ton
armement de lumière, à ton éloquence raffinée –
je sais que tu te tiens là où pas un de nous ne l'oserait,
je sais que tu t'agenouilles là où pas un de nous ne l'imaginerait,
bien en ordre et solitaire, cœur immense, sans apitoiement
[sur soi.

ORDRE DU CŒUR UNIFIÉ

Pourquoi j'aime la France

Ô France, tu as donné ta langue à mes enfants, tes amants et tes champignons à ma femme. Tu as chanté mes chansons. Tu as livré mon oncle et ma tante aux nazis. J'ai connu les poitrines de cuir de la police sur la place de la Bastille. J'ai pris de l'argent aux communistes. J'ai offert mon milieu de vie aux bourgades laiteuses du Lubéron. J'ai fui devant des chiens de ferme sur une route, aux portes de Roussillon. Ma main tremble en terre de France. Je suis venu vers toi avec une philosophie souillée de la sainteté et tu m'as fait asseoir pour une interview. Ô France, où l'on m'a pris tellement au sérieux que j'ai dû revoir ma position. Ô France, chaque petit Messie te remercie pour sa solitude. Je veux être autre part, mais je suis toujours en France. Sois forte, sois nucléaire, ma France. Flirte avec chaque camp, et parle, parle, n'arrête jamais de parler de la manière de vivre sans Di-u.

one of those days
when the hat doesn't help

L'une de ces journées où le chapeau n'arrange rien

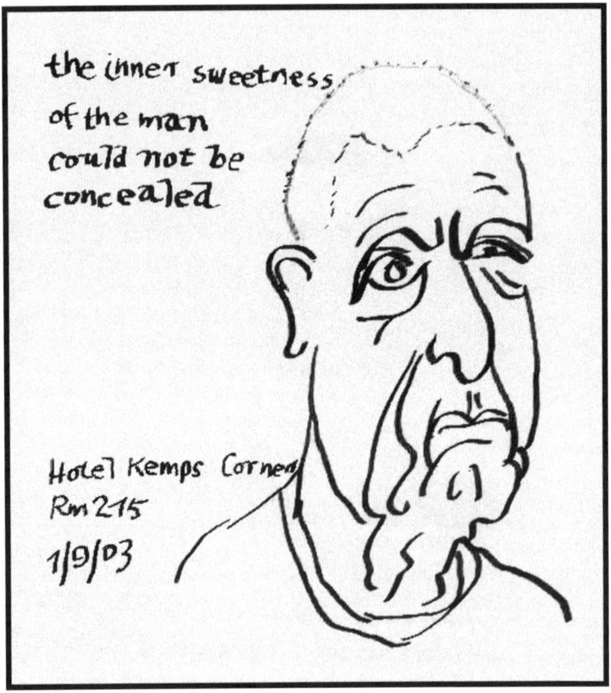

La douceur intérieure de l'homme ne pouvait être dissimulée.
Hôtel Kemps Corner, chambre 215, 9/1/03

Tomber amoureux de toi

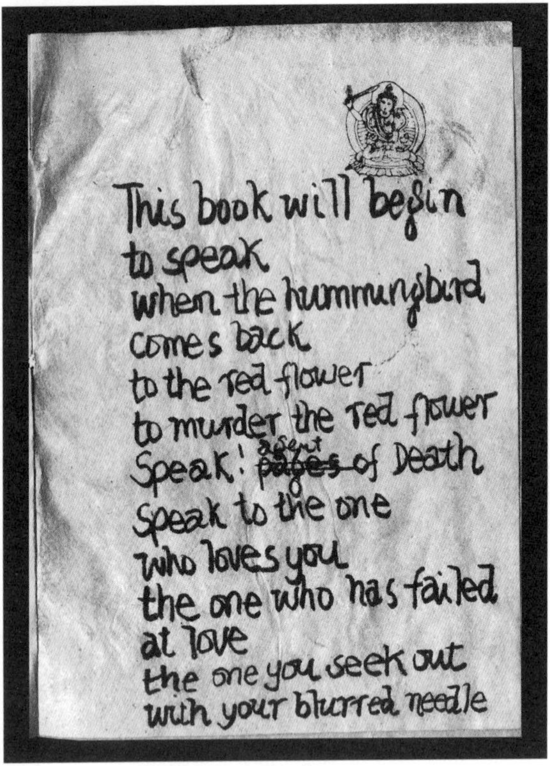

Ce livre commencera
à parler
quand le colibri
reviendra à la fleur rouge
pour assassiner la fleur rouge
Parle ! ~~*pages*~~ *agent de la Mort*
Parle à celui
qui t'aime
celui qui a échoué
en amour
celui que tu recherches
avec ton aiguille maculée

Sur le sentier

pour C.C.

Sur le sentier de solitude
je suis venu au lieu-dit de la chanson
et là je me suis attardé
la moitié de ma vie
Aujourd'hui je quitte ma guitare
et mes claviers
mes amis et mes complices en s-xe
et de nouveau je trébuche
sur le sentier de solitude
Je suis vieux mais je n'ai aucun regret
pas un
bien que courroucé et solitaire
et rempli de peur et de désir
Incline-toi vers moi
depuis tes brumes et tes vignes
Ô très haut aux doigts longs
et à la vision profonde
incline-toi vers ce sac de poison
et de dents gâtées
et presse tes lèvres
contre la lumière de mon cœur

Mon Rédempteur

Je pense à toi tout le temps
Mais je ne peux plus parler de toi
Je dois t'aimer en secret
Je dois venir à toi quand je suis seul
Comme en ce moment
Et même en ce moment je dois faire attention
Je veux toutes les femmes
Que tu as créées à ton image
C'est pourquoi je baisse les yeux
Quand je les croise dans la rue
Tu peux entendre ma prière
Celle pour laquelle les mots
[me manquent
Le nom que je ne peux prononcer
Je suis tordu d'amour
Je suis consumé d'ennui
Je déteste mon déguisement
Le masque de la concupiscence
Mais qu'y puis-je
Sans mon déguisement
Je ne serais pas créé
Mon Rédempteur est une femme
Son image est perdue
Nous l'avons cédée
Il y a cent ans
« Donnez-nous la dame, ont-ils dit,
C'est trop dangereux à présent
D'avoir son portrait sur un mur. »

Alors je l'ai livrée
Et avec elle le langage
Le joyeux langage
Qu'elle avait inventé pour se nommer
Et quiconque voudrait
Parler d'elle
Doit devenir comme moi
Humilié et silencieux
Tordu d'amour
Spécialiste de l'ennui
Et autres sujets puérils

Tout d'abord

Tout d'abord il n'arrivera rien
et un peu plus tard
de nouveau il n'arrivera rien
Une famille passera dans la nuit
en parlant de l'heure de coucher les enfants
Ce sera le signal
pour que tu allumes une cigarette
Puis vient un instant délicat
où les péquenots
se réunissent autour de la table
pour discuter ton mode de vie
Envoie-les promener avec un verre de
jus de cerise
Ton mode de vie est révolu
depuis bien des années
Les monts éclairés par la lune
encerclent ton cœur
et sur un sentier on peut reconnaître
sac au dos et bâton à la main
Celui Qui A Reçu l'Onction
Il pense probablement à ce que
tu as dit
dans la cour de l'école voilà cent ans
C'est un instant dangereux
qui peut te plonger dans le silence
pour un million d'années
Heureusement le son des clarinettes
venant d'un orchestre klezmer
itinérant
s'immisce dans la cuisine

Laisse-le te distraire
de ta méditation morose
Le réfrigérateur embrayera en seconde

et le chat sautera sur le
rebord de la fenêtre
Sans aucune raison
tu te mettras à pleurer
Et puis tes larmes sècheront
et tu mourras d'envie d'avoir un compagnon
Je serai ce compagnon
Au début il ne nous arrivera rien
et plus tard
cela nous arrivera de nouveau

La Croix

Je suis Theodoros
le poète qui ne savait ni lire ni écrire
Quand j'ai été trop vieux pour travailler
j'ai fabriqué des objets religieux
pour les boutiques à touristes
J'ai défoncé des portes
et j'ai posé les mains sur des femmes
des femmes d'Amérique et de Paris
Ce sont elles
qui m'ont dit poète
Je ne vous raconterai pas mes problèmes
la chute de mon fils
ou ma vie à la mer
J'ai sculpté des croix
et comme tout un chacun
j'en ai porté une
J'ai sidéré des femmes avec mon désir
j'ai pêché pour elles
avec des lunettes et une lance
et je les ai nourries
de mets qu'elles n'avaient jamais mangés
Si vous êtes une femme
et vous fiez aux copeaux
de l'effort de cet homme
au clair de lune
vous verrez mon fantôme musclé
sur la route côtière menant à Vlychos
Et si vous êtes un homme
sur la même route
vous entendrez des voix de femmes

exactement comme je les entendis
venant de l'eau
venant des bateaux
et d'entre les bateaux
et alors à coup sûr
vous comprendrez ma vie
et ferez une gentillesse à mon âme
en me pardonnant
Je fais cette prière à celui
qui m'a façonné à partir de moi-même
Devant un verre de vin
je fais cette confession
à Leonardos
mon ami hébreu
qui la met par écrit
à l'intention de ceux qui viendront

Kamini, Hydra, 1980

Lassitude

Nous sommes las d'être blancs et nous sommes las d'être noirs, et nous n'allons plus être blancs ni non plus être noirs. Nous allons désormais être des voix, des voix désincarnées dans le ciel bleu, d'agréables harmonies dans les grottes de votre détresse. Et nous allons rester ainsi jusqu'à ce que vous vous redressiez, jusqu'à ce que votre souffrance vous calme, et que vous puissiez croire la parole de Di-u qui vous a dit tant de fois, et de tant de façons, de vous aimer les uns les autres, ou au moins de ne pas torturer et de ne pas massacrer au nom de quelque idée humaine idiote à vomir qui fait que Di-u se détourne de vous et qui assombrit le cosmos d'un inconcevable chagrin. Nous sommes las d'être noirs, et nous n'allons plus être blancs ni non plus être noirs.

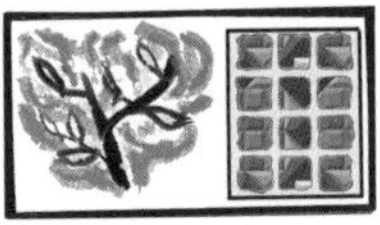

Une chose du début des années soixante-dix

Tant qu'à faire, ou à tout prendre, comme on dit, le manque d'intérêt du lectorat pour le roman sensible n'incombe qu'à lui-même et c'est tant mieux. Ou autrement dit, je suis très différent de la plupart d'entre vous et plus je vieillis, plus je suis content. J'aurais dû venir d'un autre pays pour vous distraire avec les horreurs de ma terre natale, mais il n'en est rien. Je suis venu de votre empire du milieu ou, pourrait-on dire, du milieu même de votre empire. Je suis votre propre milieu, en pire. Mais ne vous affolez pas ; vous n'êtes pas en présence d'un obsédé textuel. Si je cède trop à la facilité en essayant de faire passer un jeu de mots pour une pensée profonde, c'est seulement que je suis au bout du rouleau : j'ai pris trop d'acide, ou je suis resté trop seul, ou je ne suis pas assez intelligent pour l'éducation que j'ai reçue, ou peu importe l'explication que vous voudrez pour vous défaire de moi. Il est dommage qu'une personne doive se consoler du naufrage de ses jours avec l'idée que, en quelque sorte, sa voix, son œuvre incarnent dans l'insondable réfrigérateur de l'océan du cœur l'huître de réalité la plus profonde, la plus obscure, la plus fraîche, la plus rugueuse, mais je suis comme ça, et vous devez faire avec. Il est vraiment étonnant que je sois si célèbre auprès des rares qui saisissent vraiment où je veux en venir. Je suis la Voix de la Souffrance et l'on ne peut me réconforter. Beaucoup ont essayé mais apparemment, et Dieu merci, je suis immunisé contre leurs pitoyables consolations. Je capturerai vos larmes, sans même vraiment le chercher, dans le grand filet de mon futile babillage. Je vais vous raconter une de ces histoires d'amour à vous rendre heureux parce que vous n'êtes pas moi, mais qui sait, peut-être allez-vous sangloter derrière votre extase, comme je l'ai laissé entendre ou même promis. Je crois que c'est une bonne histoire. Je crois qu'elle est dure. Je crois qu'elle a de la moelle. Je l'ai racontée à un tas de gens et tous l'ont aimée. Je vais vous la raconter à vous. À mon crédit, entre autres, je suis l'inventeur de la Photographie en Noir. Dans le métro, demandez son avis à un banlieusard bien informé et il maugréera peut-être avec dédain : Ah ! ouais, c'est le type qui se donne bien du mal pour cadrer une photo et qui, au moment d'appuyer sur le déclencheur, pose sa main sur l'objectif. Je trouve vraiment amusante cette conversation du voyageur imaginaire et je laisserai sa description rendre compte du processus créatif de mon art. Mon art, mon éternité. Je serai le régal des yeux de demain lorsque cette grotesque parodie d'humanité aura mué en une chose, sans nul doute, pire. Ces futurs monstres de la semence à naître passeront de nombreuses et excellentes vacances toutes d'intensité, plongés dans les émanations de mes rectangles incolores. Il y a quelques années, un marchand d'art new-yorkais très malin avait tenté de tirer profit des aspects les plus évidents de mon éternité et, pendant quelques mois, j'ai été une figure de la 10e Rue et l'enfant chéri d'une petite coterie de gens étonnamment petits et rabougris, qui se consacraient à promouvoir une forme « nouvelle » d'expression humaine dénommée « ArtScience ». Certains de ces fanatiques ont voulu me convaincre qu'ils comprenaient ce que je faisais. Inutile de dire que, comme l'Adam de la fable, ils se fichaient le doigt dans l'œil. Tout ce qu'on a pu dire sur la Photographie en Noir a toujours, à mes yeux, compté pour des prunes – à l'exception, bien sûr, de ce qu'en disait Nico[7]. Elle savait les lire. Elle savait ce que je faisais. Elle savait qui j'étais. Et elle me manque toujours, aujourd'hui encore. En remontant le temps, je vais me remémorer l'ennui et l'incongruité de ces dernières décennies et vous parler d'un temps où j'étais vraiment vivant, au sens humain bien sûr. Dans l'autre sens, au royaume de l'Urne Grecque, dans les annales du cristal et du diamant impérissable, je suis demeuré le Créateur Absolu, la vie même pour tout ce que je touchais, aussi immédiate, aussi irrésistible, aussi sauvage et indéniable qu'une main de femme sur l'aine d'un adolescent. J'ai été, je suis et je resterai le Ch---t de la Matière et le Rédempteur de l'Inerte. Peut-être entrevoyez-vous maintenant l'esprit dans lequel j'ai conçu pour moi-même le défi de la Photographie en Noir. Nico m'avait perçu du premier coup d'œil à travers toutes mes pathétiques foutaises, comme on pourrait et devrait appeler ça. Mon œuvre, entre autres choses, est un monument aux yeux de Nico. Que de mon temps il en ait existé une telle paire, et que je les aie rencontrés, front contre front ; que la Photographie en Noir ait chanté à d'autres iris et, oui, d'autres cornées, d'autres rétines et d'autres nerfs optiques, tout au fond de l'affreux sac en cuir menant au cœur fiévreux de Nico, autre cœur humain ; que cela ait effectivement eu lieu constitue l'unique attaque contre ma solitude que l'Éternel ait jamais menée, et c'était elle.

Ainsi donc je me trouvais à New York à l'heure du tomber de rideau, dans un endroit qui tombait bien ; en réalité il s'agissait du Chelsea Hotel. Ce marchand d'art très malin, appelons-le Achab, avait l'impression, triste et erronée, que cela m'amuserait d'entrer et de sortir par un hall crasseux encombré et orné, c'était la mode, des excréments des arnaqueurs ambitieux occupant les ateliers au-dessus : reproductions géantes de boîtes à cigares ; toiles aux allures d'oreillers ondulant par-dessus leurs cadres innocents comme autant de panses à bière ; dispositifs électromagnétiques puérils vantant la familiarité de l'artiste avec la technologie ; mobiles, si mal construits qu'ils combinaient leur capacité à agresser le psychisme avec un danger physique ; verres à cognac de diverses tailles, peints en rouge et enfermés dans un cabinet de verre ; le tout au nom de quelque fastidieux changement de perspective, comme si c'était ce dont l'humanité avait besoin ; et tous ces tours de passe-passe, ces affreux motifs, toute cette pharmacopée vénéneuse de la fourberie new-yorkaise, s'autoproclamant comme le remède à donner d'urgence à une culture moribonde ; toute cette nature profane faite chair ; et, s'accumulant rapidement par couches successives, tout ce gravier visqueux produit sur la 23e Rue, et dans l'Olympe de pacotille de son voisinage – présage de l'enterrement, bientôt ignoré, du trésor immonde sous les sables du temps. Voilà l'hôtel où il m'avait mis. Il m'avait pris pour l'un des leurs. De ce même hall, Dylan Thomas aussi avait levé l'ancre pour se crever un œil contre une épine de rose et dès lors assumer son fauteuil trop rembourré et dûment gagné au panthéon très fréquenté de l'héroïsme mollasson. On peut vite deviner que je ne porte pas l'époque dans mon cœur.

Nous passerons tous à l'aérographe
nous devenons fragiles
et les gens
nous voient
nus
auxquels on
interdit
de nous voir
nus

Beurrier

Chérie, j'ai maintenant un beurrier
qui a la forme d'une vache

Controverse

Vous êtes peut-être une personne qui aime la controverse avec l'Éternité. Voici une bonne façon de commencer une telle controverse :

Pourquoi gouvernes-tu contre moi ?
Pourquoi à présent me faire taire ?
À quand la Vérité sur mes lèvres
Et sur mon front la Lumière ?

Au bout d'un certain temps, la réponse à ces questions qui s'infiltrent en remontant du fond de votre estomac, ou en descendant du bord de votre chapeau, ou quand on vous a donné, enfin, le bon comprimé, peut-être commencerez-vous à tomber amoureux de Celui qui les a posées ; et peut-être alors vous écrierez-vous, comme tant de nos ancêtres l'ont fait :

Béni soit Celui-là,
Qui a adouci
Ma controverse.

Bien plus tard

Ray Charles qui chante *You win again*
en plein soleil
il y a vingt ans
Ray Charles le chanteur que je ne serai jamais
et ma jeune épouse
« l'épouse de ma jeunesse »
qui me sourit dans une chambre en haut
dans la vieille maison
Ray Charles et Marianne
chers esprits de ma vie grecque
aujourd'hui en plein soleil à chaque nouvel été
Marianne qui descend les marches
« la femme de la maison »
Ray Charles qui parle avec véhémence
pour notre humanité vierge
Il y a vingt ans
et de nouveau en cet été à Hollywood
toujours compagnons du cœur
tandis qu'une fois de plus je me confronte
aux critères doux et nobles
de ma jeunesse

Los Angeles, 1978

Un autre Christophe

Il est un autre Christophe
Guide des Voies Accidentées
Christ rejeté qu'il porte loin
Le tien il ne peut le soulever

ORDRE DU CŒUR UNIFIÉ

Séparé

Je faisais quelque chose
je ne me rappelle pas quoi
Je me tenais en un lieu
je ne me rappelle pas où
J'attendais quelqu'un
mais qui ? Je ne me rappelle pas
Était-ce avant ou était-ce après ?
Je ne me rappelle pas quand
Et soudain ou peu à peu
on m'a déplacé, on m'a emmené
à ce lieu d'inversion
et l'on m'a séparé
et à la place de chaque morceau
était le nom de la peur
et en guise de vaste mémorial
était le nom du chagrin
Si vous connaissez la prière
pour celui qu'on a tant disloqué
je vous prie dites-la ou chantez-la
et s'il est parmi les mots
un espace vide, ou parmi les lettres
un verger du retour
je vous prie d'y fixer fermement mon nom
d'une voix ou d'une main
que vous êtes seuls à commander
vous les justes
qui vous souciez de tels sujets

Mais je vous en prie faites vite
car tous ces morceaux de moi-même
qui se sont rassemblés le temps de cet appel
sont de nouveau dispersés
et éparpillés de l'Autre Côté
là où les anges se tiennent tête en bas
où tout est recouvert de poussière
où chacun se consume de honte
et où nul n'a le droit de pousser un cri

ANGRY AT 11 PM

EN COLÈRE À 11 HEURES DU SOIR

you don't want to go out any more
it's bearable alone
just you and the bad news
and the confession of Mother Theresa
G-d Bless her for letting us know
that she couldn't take it either

2.18.03

Tu ne veux plus sortir
c'est supportable tout seul
rien que toi et les mauvaises nouvelles
et la confession de Mère Teresa
Di-u la bénisse pour nous avoir fait savoir
qu'elle n'en pouvait plus elle non plus

La Troisième Invention

Aveuglément je travaillais
　　　　à ma troisième invention
en prenant les risques
　　　　de celui qui est perdu,

à tâtonner sur le chemin
　　　　d'une expression plus pure
de l'absolue ordure
　　　　où j'avançais en titubant.

Et tout cela pour l'amour
　　　　d'une femme attentive
chevauchant la dernière
　　　　lueur d'espoir de la nuit,

une sorte de touriste de la beauté
　　　　en pleine déconvenue,
prête à tomber amoureuse
　　　　d'un fantôme.

et le fantôme était là
　　　　avec sa troisième invention,
la merde habituelle
　　　　en vue de la suprême distinction ;

et voilà qu'elle était prête,
　　　　la troisième invention,
prête à tomber
　　　　amoureuse du monde.

Et lui tombe en arrière
tandis qu'elle s'avance ;
sa troisième invention
les mesure tous les deux.

Elle se blottit dans les bras
de sa troisième invention
et de retour dans sa chambre,
il entame la quatrième.

Il s'agit d'un ouvrage
de la plus haute prétention
une ode automatique
pour le monde

Ô enfoui dans le réconfort
du plein emploi
il est perdu pour la quatrième
et perdu pour la troisième.

1980

Ma mère assoupie

Souvenir de ma mère
dans un théâtre à Athènes
voici trente
trente-cinq ans
un concert de Theodorakis
ces superbes chansons
elle s'assoupit
sur la chaise à côté de moi
dans le théâtre de verdure
elle était arrivée le jour même
de Montréal
et quand le spectacle commença
il était près de minuit
elle dormit d'un bout à l'autre
au son des mandolines
des harmonies montantes
et des superbes chansons
j'étais jeune
je n'avais pas encore eu mes enfants
je ne savais pas jusqu'où
peut aller l'amour
je ne savais pas
combien l'on peut être fatigué

Robert fait sa réapparition

Eh bien, Robert, te revoilà en train de me parler au Café de Flore à Paris. Je ne t'ai pas vu depuis un bout de temps. J'ai plusieurs versions de ce sonnet que j'ai écrit après ta mort mais je n'ai jamais abouti. Je t'aime, Robert, encore aujourd'hui. Tu étais un homme intéressant et le premier ami avec qui je me suis vraiment disputé. Je suis légèrement défoncé à cause du demi-amphé que j'ai retrouvé dans ce vieux costume, il doit bien avoir vingt ans, et je l'ai pris avec un verre de jus d'orange. Il n'est plus possible qu'il fasse effet après tout ce temps, mais nous revoilà, à bavarder. Je suis content que tu ne me dises pas à quoi cela ressemble là où tu es, parce que je ne m'intéresse pas à l'au-delà. Tu es un peu en rogne comme d'habitude, comme si tu venais de sortir d'un truc immensément ennuyeux. Nous voilà, à discuter du plan pourri que nous avions négocié pour nous-mêmes. Que dis-tu ? Pourquoi souris-tu ? Je travaille dur encore, Robert. On dirait que je n'arrive pas à achever quoi que ce soit et je suis vraiment mal. L'effet des amphés s'estompe, ou bien le cœur n'y est plus, et je ne peux te raconter une histoire amusante sur mes ennuis, mais tu vois bien ce que je veux dire. De tous mes amis tu es celui qui sait ce que je veux dire. Eh bien salut, Robert, et va te faire foutre toi aussi. Ton statut de désincarné te confère un tas de privilèges, mais tu aurais pu t'excuser avant de disparaître à nouveau pour on ne sait combien de temps.

Ma mère n'est pas morte

Ma mère n'est pas vraiment morte
La vôtre non plus.
Je suis si heureux pour vous.
Vous aviez tenu votre mère pour morte,
Et voilà qu'elle ne l'est pas.
Et votre père ?
Est-ce qu'il va bien ?
Ne vous inquiétez pour aucun
 [de vos proches parents.
Vous voyez les insectes ?
L'un d'eux fut votre chien autrefois.
Mais n'essayez pas de caresser la fourmi.
Votre affection maladroite la détruirait.
L'arbre essaye de me toucher.
Avant, il était une après-midi.
Ma mère, ma mère,
Je ne suis plus obligé de te pleurer.
Vagabond, Rex, Cherche, Cherche,
Voici l'os de mon cœur.

DE RETOUR À…
d'après une photo de Hazel Fie

Shirley

Permettez que j'en revienne à Shirley
Elle savait qui j'étais
avant l'ascension
d'étincelles
Elle m'a mené à
la bicyclette des entournures
et dans le devant de son corps
j'étais le base-ball de verre
de l'Ancienne Grèce
les pierres à l'envol
dans la bouche de ma mère
Shirley comprenait
ma paille et mon rouge à lèvres
le soda laqué de l'ambition
et le jaillissement de l'esprit
pendant qu'il passe

Elle était
l'Infirmière du Rire
dans la Demeure des Chauve-Souris
Elle avait ri quand
j'étais né comme par surprise
dans la trousse de rasage de mon père
Mais assez de toi et
de toi et de toi
qui vous êtes emparés
de toutes les places de choix
Je suis l'ancien combattant
l'emblème du rouge
l'ami même de Shirley
Retournez à vos
feuilles d'hiver
et à vos tristes blagues sur les bassins de
la fiscalité

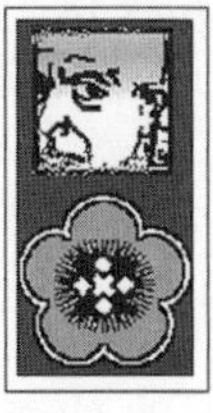

Le Meilleur

L'Inde a les meilleures Glaces
L'Amérique le meilleur Chocolat
L'Angleterre les meilleures Jambes d'Homme
L'Espagne la meilleure Croix
L'Italie la meilleure Brume
Israël la meilleure Urgence
Le Canada la meilleure Lumière
Le Mexique les meilleurs Aigles
Le Portugal les meilleures Îles de Solitude
L'Égypte les meilleures Minorités
La Norvège la meilleure Musique
Le Maroc les meilleurs Juifs
La Corée la meilleure Cuisine italienne
J'ai été dans trop de pays
J'ai péri quand j'ai quitté Montréal
J'ai connu des femmes que je ne comprenais pas
J'ai feint de m'intéresser à la nourriture
Mais tout ça n'était que la Peur de la Neige
Tout ça n'était que la Volonté de Dieu
Tout ça n'était que le Cœur
avalant les Autres organes
Ce fut Cinq Jours d'Été
et Deux Jours de Printemps
Surtout ce fut la Mort de mon Chien
Le chagrin est le moment pour commencer
Le désir est l'endroit pour se réjouir
Mais je n'ai pas commencé
et je ne me suis pas réjoui
J'étais un paresseux de Dieu
Autour de moi c'est jonché de livres ouverts

Malgré tous mes efforts
ils ne cessent d'entrer dans ma chambre
Et il y a une dalle de pierre ancienne
aux inscriptions cunéiformes

Quand je vivais à Montréal
je savais quoi porter
j'avais de vieux vêtements
et de vieux amis
et mon chien n'était mort
que depuis dix ou quinze ans
Fort heureusement il n'y a pas de Place
pour le Regret
dans la Pauvreté
de ces Réflexions

Horlogerie

le corbeau sait
exactement où s'asseoir
sur le banc jaune

la vague
exactement où se briser

la mâchoire qui ne va pas
se desserrer
est attachée parfaitement
au crâne de l'écrivain

les générations futures
arrivent comme horlogerie
sous les humides
arcades de ciment

pour prendre leur place
dans cet après-midi
inscrit dans les archives

L'ivrogne n'a pas de genre

Ce matin je me suis réveillé encore
J'en remercie mon Seigneur
Le monde est une telle porcherie
Que je dois me couvrir la tête

J'aime et je loue le Seigneur
Au Seigneur je pardonne vraiment
J'espère ne pas regretter
De Lui permettre d'être vivant

Je sais que vous aimez me saouler
Et vous moquer de ce que je dis
Je suis très heureux qu'il en soit ainsi
Tous les jours je suis assoiffé

Je suis fâché contre l'ange
Qui m'a pincé à la cuisse
Et m'a fait tomber amoureux
De chaque femme qui passe

Je sais qu'elles sont vos sœurs
Vos filles, vos mères et vos épouses
Si j'ai omis une femme une seule
Alors là toutes mes excuses

S'enfuir au paradis c'est amusant
Quand on sort des sentiers battus
Le Seigneur est un sacré singe quand
On le porte sur son dos

Le Seigneur est un sacré singe
C'est une sacrée femme aussi
Un sacré lieu de rien
Un sacré visage le tien

Puisse-t-Il sur votre tempe s'écraser
Et scruter à travers vos yeux
Puis vous faire tomber amoureux
De tous ceux que vous méprisez

Peu importe

La guerre fut perdue
Le traité signé
Pas pris pas vu
J'ai franchi la ligne

J'ai dû laisser
Ma vie derrière moi
J'avais un nom
Mais peu importe

Votre victoire
Fut si complète
Que parmi vous
Certains pensèrent

Garder trace de
Notre petite vérité
Du tissu qu'on filait
Des outils qui nous servaient

Des jeux de hasard
Auxquels jouaient nos soldats
Des pierres qu'on taillait
Des chansons qu'on créa

De notre loi de paix
Qui peut comprendre
Qu'un mari guide
Qu'une épouse commande

Et de tout cela
Expressions de
La Douce Indifférence
Que d'aucuns nomment Amour

La Douce Indifférence
Que d'aucuns nomment Destin
Mais nous avions des Noms
Plus intimes

Des Noms si profonds
Et des Noms si vrais
Perdus pour moi
Et morts pour toi

Point n'est besoin
Que cela survive
Il est des vérités qui vivent
Et des vérités qui meurent

Il est des vérités qui vivent
Et des vérités qui meurent
Lesquelles je l'ignore
Alors peu importe

Je n'ai pas su tuer
Comme vous savez tuer
Je n'ai pas su haïr
J'ai tenté sans réussir

Nul ne peut voir
Le vaste dessein
Ou qui sera
Dernier de sa lignée

L'histoire est dite
Avec faits et mensonges
Vous possédez le monde
Alors peu importe

Il y a un moment

Il y a un moment dans chaque journée où je m'agenouille devant l'amour que j'ai pour toi. Alors je me souviens que je suis encore cet homme-là. Et je sais que le travail de ma vie est d'être cet homme-là, qui se penche sur une tablette blanche dans l'humilité de son perpétuel et éloquent amour pour toi. Il est huit heures vingt-sept du soir. Une fois de plus penser à toi m'a sauvé de l'énigme de mon indifférence

et la dure roue
        au centre de la poitrine
devient une douce roue

Di-u s'allonge près de Son agneau
si bien que Sa créature peut
se rassembler

Sa Reine reçoit les massages
d'un millier de versions
de Son bourdon le plus dévoué

et te voilà
qui souris à un autre
dans ma vision de la cuisine perdue

et c'est ainsi
que je finis mon travail
avant que ça recommence

Rossignol**

À côté du bois j'ai bâti ma maison
Pour pouvoir t'entendre chanter
Et c'était doux et c'était bon
L'amour ne faisait que commencer

Adieu mon rossignol
Il y a longtemps que je t'ai trouvé
Voilà qu'ont failli tous tes chants de beauté
Et la forêt se referme autour de toi

Le soleil décline derrière un voile
C'est à cette heure-ci que tu m'appelais
Alors repose en paix mon rossignol
En dessous de ta branche de houx

Adieu mon rossignol
Je n'ai vécu
que pour être près de toi
Et même si tu chantes
quelque part encore
Je ne peux plus entendre ta voix

L'Épouse infidèle

d'après le poème de Lorca

C'était la nuit de Santiago
Et je passais par là
Alors je l'ai emmenée à la rivière
N'importe quel homme ferait cela

Elle a prétendu être vierge
Ce n'était pas ce qu'on m'avait dit
Mais je ne suis pas l'Inquisition
Et sa parole m'a suffi

Et, oui, elle n'a dit que mensonges
Sur ses enfants et son mari
Vous étiez destinés à juger le monde
Mais pas moi qu'on me pardonne

Derrière nous les lumières se sont éteintes
Les lucioles ont ôté leurs habits
Le trottoir défoncé a pris fin
J'ai touché ses seins endormis

Ils s'ouvrirent à moi sans attendre
Comme des lys d'outre-tombe
Sous une fine broderie
Ses mamelons levèrent comme des pains

Son jupon empesé et criard
S'est froissé entre nos jambes
Il a retenti comme un nuage d'orage
Assailli par des lames de rasoir

Sans lueur d'argent pour plaquer leur feuillage
Les arbres poussaient hauts et touffus
Une meute de chiens patrouillait sur la plage
Pour maintenir la nuit en vie

Passé aubépines et buissons
Roseaux figuiers de Barbarie
J'ai creusé dans la terre un nid
Pour accueillir ses cheveux mouillés

Puis j'ai enlevé ma cravate
Et elle a enlevé sa robe
J'ai déposé ceinture et pistolet
Le reste nous l'avons arraché

Sa peau n'était qu'huile et onguents
Et plus luisante qu'un coquillage
Or et verre de vos appartements
Ne brilleront jamais d'un tel éclat

Ses cuisses s'esquivèrent sous moi
Comme bancs de poissons effrayés
Je me souviens encore de cela
Bien que j'aie de ma vie oublié la moitié

Cette nuit-là sur la meilleure des routes
J'ai chevauché un puissant coursier
Mais bientôt me voilà mis à terre
Et c'est elle qui devient le cavalier

Or étant un homme je ne vais pas répéter
Les choses qu'elle a dites tout haut
Sauf pour cela j'ai les lèvres scellées
À jamais et dès à présent

Et bientôt du sable dans chaque baiser
Et bientôt l'aube sera prête
Et bientôt c'est la nuit qui se rend
Comme jonquille à la machette

Je lui ai donné une chose jolie
J'ai attendu et elle a ri
Je ne suis pas né gitan
Pour rendre femme triste

Je ne suis pas tombé amoureux. Bien sûr
Jamais on ne peut choisir
Mais elle faisait les cent pas
Et moi je passais par-là

Quand je l'ai emmenée à la rivière
Dans sa tenue virginale
Quand je l'ai emmenée à la rivière
En cette nuit de Santiago

Et, oui, elle n'a dit que mensonges
Sur sa vie ses enfants son mari
Vous êtes nés pour faire tout comme il faut
Mais pas moi qu'on me pardonne

C'était la nuit de Santiago
Et je passais par-là
Et je l'ai emmenée à la rivière
N'importe quel homme ferait cela

Voyager sans bagages n° 31

Je voyage sans bagages
Alors ciao les amis
Mon cœur va me manquer
Et aussi ma guitare

Ici c'est charmant
Si loin de tout
Sauf que je ne prends
Pas un jour de plus

Les chansons ne sortent pas
Mais si elles le faisaient
Je rentrerais chez moi
Alors à Di-u ne plaise

Je crois que je ne suis
Qu'un homme qui
A renoncé
À toi et moi

Je ne suis pas seul
J'en ai rencontré
D'autres qui voyageaient
Voyageaient sans bagages

d'après une photo de Hazel Field

Arrière-cour

Assis dans le jardin
Avec les chiens de ma fille
À regarder les oranges
Et là-haut le ciel

Des fleurs avec leurs ombres
Qui remuent deux par deux
À écouter le bruit des voitures
À entendre du nouveau

Puis je commence à me bagarrer
Avec une médiocre chanson
Qui aura raison de moi
À des kilomètres de la maison

Quand je suis sorti

Quand je suis sorti pour lui dire
L'amour qu'on ne peut déclarer
Elle s'est cachée dans des motifs de marbre
Et de profonds reliefs dorés

Quand je l'ai saisie dans sa chair
Et que j'ai flotté sur ses hanches
Son sein était un filet de pêche
Pour cueillir des lèvres d'enfant

Un doux refus dans son regard
Et j'étais on ne peut plus libre
Mais il me fallut un moment
Pour assumer ma pleine transparence

Voilà des lustres que j'allais regarder
Ou bien qu'elle pensait à se cacher
Déchirée la couverture déchiré le livre
Et les histoires toutes dénouées

Mais quelqu'un fait de brume et de fils
Assiste à chacune de ses grâces
Voit plus de beauté que je ne le fis
Lorsque j'étais à sa place

Vibrant, mais mort

Le But

Je ne peux quitter ma maison
ni répondre au téléphone.
De nouveau je dégringole
mais je ne suis pas seul.

Soldant enfin
les comptes de l'âme :
ceci à la poubelle,
cela entièrement payé.

Quant à l'automne, il
a commencé depuis longtemps :
pas possible d'arrêter la pluie
pas possible d'arrêter la neige.

Je suis assis sur ma chaise.
Je regarde la rue.
Le voisin me retourne
mon sourire de vaincu.

Je bouge avec les feuilles.
Je brille avec le chrome.
Je suis presque en vie.
Je suis presque chez moi.

Personne à suivre
et rien à enseigner,
si ce n'est que le but
est de très peu manqué.

Travail en cours

il va tomber malade
et mourir tout seul

c'est le personnage principal
de ma petite histoire qui s'appelle

La Maison de Prière

La vie est une drogue qui ne fait plus effet

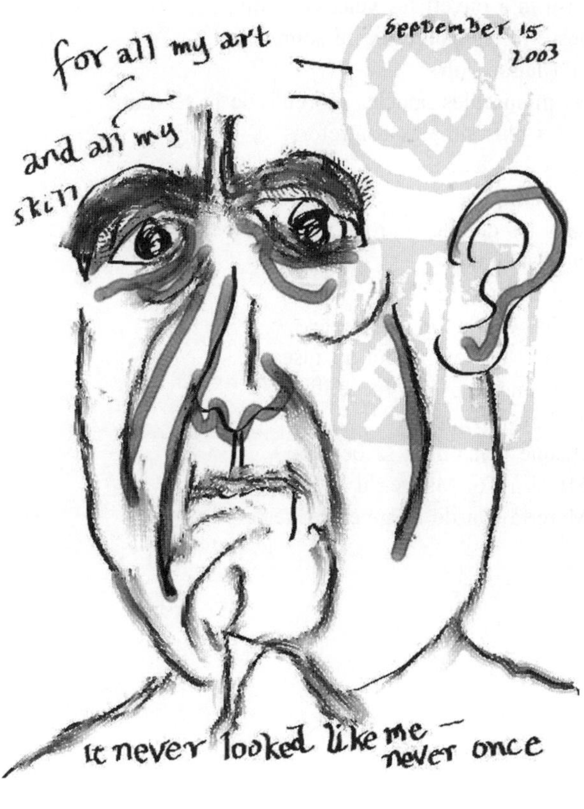

15 septembre 2003

Malgré tout mon art et tout mon savoir-faire
ça ne m'a jamais ressemblé – pas une seule fois

Ouvert les yeux

Di-u m'a ouvert les yeux ce matin
desserré les bandeaux du sommeil
m'a laissé voir
les minuscules boucles d'oreille de la serveuse
et les plus simples contreforts
de ses petits seins
l'a multipliée de face et de dos
dans les doubles miroirs
du restaurant
m'a accordé le don de vitesse
et de pénétration des strates
et m'a fait tourner tel un fuseau
pour que je puisse recueillir
et faire mienne
chaque version de sa beauté
Merci à Toi Maître du Monde
Merci à Toi de m'appeler Chéri

L'Attitude correcte

Mis à part deux petites heures
dans la matinée
que j'ai passées en compagnie
d'un sage
je suis resté au lit
sans rien à manger
seulement quelques gorgées d'eau
« Tu es un vieil homme de belle allure,
me suis-je dit dans la glace,
et qui plus est
tu as l'attitude correcte
Tu t'en fiches si ça se termine
ou si ça continue
Et quant aux femmes
et à la musique
il y en aura en abondance
au Paradis »
Puis je me suis rendu à la Mosquée
du Souvenir
pour exprimer ma gratitude

Pas juif

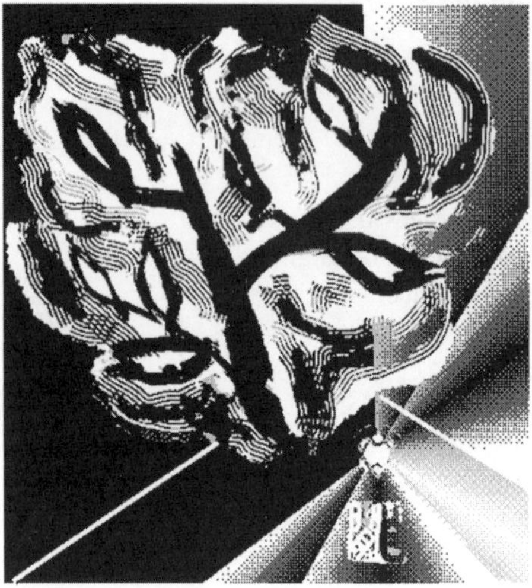

Quiconque dit
que je ne suis pas juif
n’est pas juif
Je suis vraiment désolé
mais cette décision
est définitive

Titres

J'ai eu le titre de Poète
et peut-être l'ai-je été
pendant un moment
De même le titre de Chanteur
m'a été gentiment accordé
même si
je pouvais à peine venir à bout d'un air
Pendant bien des années
j'ai été connu comme Moine
je me rasais le crâne portais des robes
et me levais de très bonne heure
je détestais tout le monde
mais j'agissais avec générosité
et personne ne m'a démasqué
Ma réputation
de Séducteur était une plaisanterie
Elle m'a valu de rire amèrement
tout au long des mille nuits
que j'ai passées tout seul
D'une fenêtre du second étage
donnant sur le parc du Portugal[8]
j'ai regardé la neige
tomber toute la journée
Comme d'habitude
il n'y a personne ici
il n'y a jamais personne
Grâce au ciel
la conversation intérieure
est annihilée
par le bruit blanc de l'hiver

« Je ne suis ni l'esprit,
L'intellect,
ni la voix silencieuse au-dedans... »
est aussi annihilé

et maintenant Noble lecteur
au nom de quoi
au nom de qui viens-tu
flemmarder avec moi
en ces domaines
luxueux et dépérissants
de l'Intimité Sans Objet ?

Pantins

Pantins allemands
brûlèrent les Juifs
Pantins juifs
n'ont pas choisi

Pantins les vautours
mangent les morts
Pantins les cadavres
dont ils se repaissent

Pantins les vents et
pantins les vagues
Pantins les matelots
dans leurs tombeaux

Pantin la fleur
pantin la tige
Pantin le Temps
qui les détruit

Pantin que moi et
pantin que toi
Pantin allemand
et pantin juif

Pantins ces présidents
qui ordonnèrent
à des troupes de pantins
de brûler la terre

Pantin le feu
pantins les flammes
qui se repaissent
de ces noms de pantins

Pantins les amants
dans leur extase
se détournant
de tout cela

Pantin le lecteur
hochant la tête qui
emmène son épouse
pantin jusqu'au lit

Pantin de nuit
tombe pour dire
l'épilogue d'une
journée de pantin

Cette humeur n'a rien à voir avec vous

Pas une seule fois

L'Inde est pleine
d'un grand nombre
de femmes exceptionnellement belles
qui ne me désirent pas
C'est ce que je vérifie
chaque jour
tout en me baladant
dans la ville de Bombay
Je scrute visage après visage
et pas une seule fois
je ne me suis trompé

Qui te rappelles-tu vraiment ?

Mon père est mort quand j'avais neuf ans ;
ma mère quand j'en avais quarante-six.
Entre les deux, mon chien et plusieurs amis.
Ces derniers temps, d'autres amis,
de vrais amis,
des oncles et tantes,
de nombreuses connaissances.
Et puis il y a Sheila.
Fais pas le con, Len, disait-elle.
Prends ton désir au sérieux.
Elle est morte peu après
nos quinze ans.

This is the best way to do it
We will be able to write like this
for a long long time
I think you will be able to read it
In fact, I'm sure you will
It will have pictures of me

in colour

Voici la meilleure façon de le faire
Nous saurons écrire comme ceci
pendant très très longtemps
Je crois que vous saurez le lire
En fait, je suis sûr que vous saurez
Il y aura des photos de moi
en couleurs

Regarder ailleurs

tu me regardais et l'idée ne m'est jamais venue
que peut-être tu choisissais
l'homme de ta vie

tu me regardais
par-dessus bouteilles et cadavres
et je croyais
que tu devais jouer avec moi

tu devais me croire assez dingue
pour sauter derrière ton dos
dans la cage ouverte de l'ascenseur

alors j'ai regardé ailleurs
et j'ai attendu
que tu deviennes un palmier

ou un corbeau

ou le vaste océan gris du vent
ou le vaste océan gris de l'esprit

regarde-moi aujourd'hui
marié à tout le monde sauf à toi

Même certaines des miennes

Ça y est tout est fini
Il n'y aura pas grand-chose de plus
Peut-être un cri ou deux
Partis du poulailler
De la salle où j'ai fait
Mon dernier tour de piste
Entre-temps
Opérez au cœur
Avec des chansons éprouvées
Comme l'Ave Maria
Et le Kol Nidré[9]
Ou même certaines des miennes
Et exécutez
Les procédures recommandées
Telles que s'agenouiller
À côté de l'effroyable amas
De jours et de nuits
Et en caresser les toutes nouvelles secondes
Comme si c'était
Un château de sable d'enfant
Affrontant la marée
Sous la pleine lune etc.
En d'autres termes
Encourager
Chez le vieux pénitent
Une perspective sans limites

Ah ! et encore une chose
vous n'allez pas aimer
ce qui va venir après l'Amérique

Ton cœur

J'ai dit la vérité
et regarde où ça m'a mené
J'aurais dû écrire sur
les rivières secrètes
coulant sous Toronto
et sur les épreuves
du Club de la Faculté
mais non
j'ai retiré le cœur
d'une poitrine
et montré à chacun
les noms de Di-u
gravés dessus
Je suis navré c'était
ton cœur
et non le mien
je n'avais aucun cœur digne d'être lu
mais j'avais le couteau
et le temple
Ô mon amour
ne sais-tu pas que nous avons été tués
et que nous sommes morts ensemble

Ce qui m'a dérouté

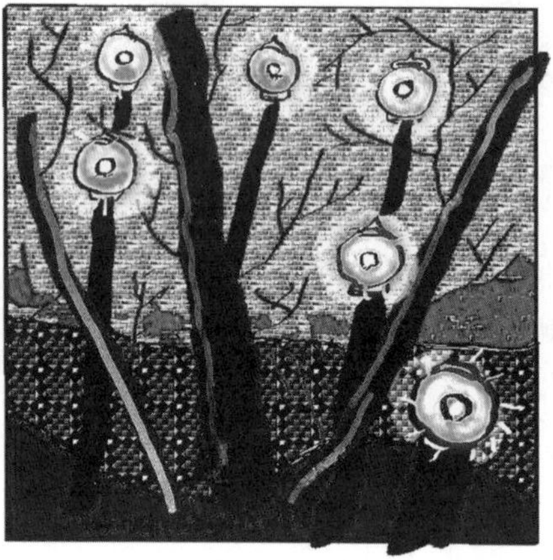

J'ai pris des cachets pour la mémoire
mais je n'ai pu l'empêcher
d'effacer le souvenir
que j'avais une famille autrefois
Ils savaient marcher sur l'eau
Il y avait une chaîne à sens unique
qui m'attachait au corps d'une femme
elle ne savait pas qu'elle me baisait
dans tous les sens
Mais qui était-elle
et eux qui étaient-ils ?
Au milieu de
je ne sais quelle explication
j'oublie
ce qui m'a dérouté

Le vent agite

Le vent agite
les palmiers
et les franges
des parasols de la plage
Les enfants glissent
sur le toboggan
La Mer d'Arabie toute grise
avec ses dessous de dentelle souillés
fouette les appartements sales
Le vent agite tout
et puis s'arrête
mais mon stylo
continue d'écrire
tout seul
Cher Roshi
Je suis mort à présent
je suis mort avant toi
tout comme tu l'avais prédit
au début des années 70

Chagrins des aînés

Aimables les vieux.
Les jeunes ça bout.
L'amour aveugle ça se peut.
Le désir pas du tout.

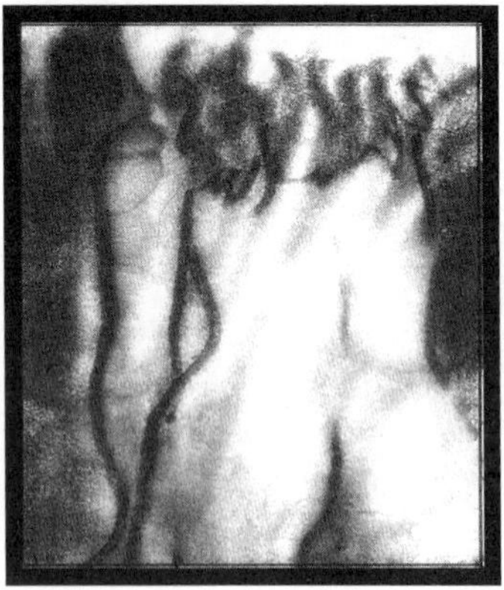

Retour à
Montréal
quant au passé
aux enfants
à Roshi
aux chansons
à la Grèce
à Los Angeles
qu'est-ce que
voulait dire tout ça ?

18 novembre 2003

Enfin seul

Qu'elles étaient amères
les pilules de Prozac
des quelques dernières
centaines de matins

ORDRE DU CŒUR UNIFIÉ

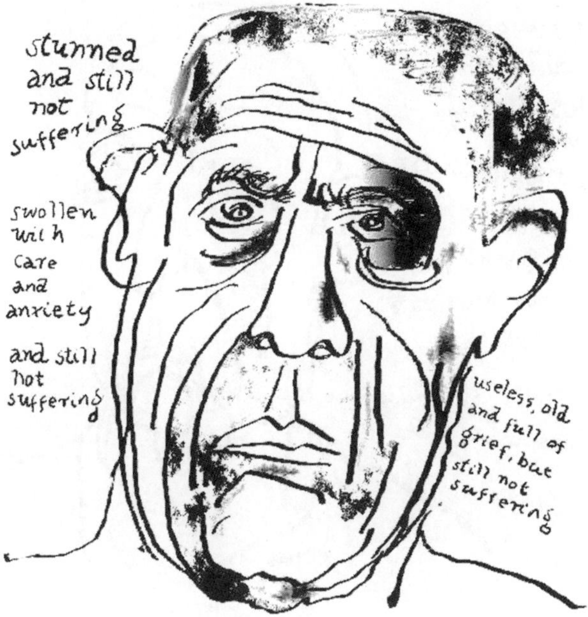

Accablé et ne souffrant toujours pas
bouffi de soucis et d'angoisse et ne souffrant toujours pas
inutile, vieux et plein de chagrin mais ne souffrant toujours pas

Impôts
enfants
chatte perdue
guerre
constipation

le poète vivant
dans son harnais
de beauté

rend à di-u
le jour offert

Toute chose qui a trait

Toute chose qui a trait à la matière, même de façon oblique, est loin du but. Il faut découvrir dans une inaptitude à la pertinence le muscle du salut, mais bandé et exercé aussi rarement que possible. L'économie du désespoir doit être reconnue. Nous n'avons pas besoin de l'Art si souvent que cela. De temps à autre, qu'Elle sorte de ses sous-vêtements. Avec peu on va loin.

Pour le moment, on ne peut accéder à la Grosse Photo (ou à la Phoutue Grosse) qu'au moyen du Canon Flasque (ou du Fanon Clasque), de la Molécule Dérivante, du Radical Cancérigène. *After me*, le retour aux Proportions Classiques. Ma santé mentale est contagieuse.

Bien que nous n'ayons pas fumé depuis de longues minutes, nous sommes tentés de demander au barman de nous en sortir une de son paquet.

Concentrons-nous sur le vertige ressenti lorsqu'on se détend devant les grandes baies vitrées, qui sont tout ce qui nous retient de plonger du douzième étage dans la Baie du Bengale.

Hôtel Taj Mahal

Jana pense à John

Jana sort de sa maison. Avec presque rien sur le dos. La tasse est encore dans sa main. Elle a oublié de la laisser sur la table. Le froid lui rappelle qu'elle a oublié d'enfiler autre chose que ses dessous et sa combinaison. Elle fait demi-tour. Grelottante. Salaud, t'es un salaud, John.

Elle ne sait pas que Di-u l'a déjà tuée, tout comme John, Teri son persan et votre dévoué, qui l'aime plus ardemment que John ou Teri, simplement parce qu'elle est une femme. Elle ne sait pas que Di-u a tué tout le monde.

Jana était avec moi avant. Quand elle était plus jeune. Quand elle expérimentait les vieux. J'ai envie de connaître ton corps, Jikan. Oh ! mais bien sûr. C'est suffisamment grotesque, Jana, sans qu'en plus je me déshabille. Mais elle ne clame pas mon nom alors qu'elle retourne vers sa porte déverrouillée.

Moi, je comprends. John, je comprends. Jana, je comprends, encore que j'aie horreur de perdre une femme nue. Mais Teri, pourquoi Teri a-t-il été tué sitôt sorti de l'imagination de Di-u ?

J'ai été l'une des choses qu'on a introduites dans Jana. Et une fois qu'on est dedans, on y est pour toujours. C'est ça l'amour. Parfois c'est plus grand que la Mort, parfois plus petit, parfois de la même taille.

John a été tué, mais ce n'est pas pour ça qu'elle garde son nom au fond de la gorge. C'est parce qu'elle est en mille morceaux à cause de son besoin de lui. Avant c'était une sorte d'amour mais désormais ça va plus loin en termes d'intensité de douleur et de dislocation. Elle a complètement oublié qu'elle a été tuée. Ne faites aucun commentaire sur cette situation sauf si vous étiez présent.

Pourtant, la vie continue. Jana pense à John, pas à moi. Il l'emmène au garage des voitures de course, et elle devine laquelle est la sienne. Elle porte un pull blanc qu'elle a acheté quand elle était italienne. (Milan. La gare mussolinienne. Des femmes aimables, tachées d'herbe, que je n'ai jamais revues. Chacun de nous tué sous le flot de beauté des allées et venues.) Ils s'embrassent. Il est décroché. Elle est d'une essence qui se confond avec le cuir des sièges-baquets de sa Ferrari.

Et par ici, murmure ma destinée, « un de ces jours dans tes bras, elle viendra à comprendre qu'elle n'a jamais rien fait. Et puis elle sera tuée. Bien d'autres comme elle viendront vers toi. Bien d'autres sont déjà venues. Tu as un boulot. Tu es un homme-au-travail et tu as été tué, en même temps que le salon de coiffure, sans un accroc. »

Mon temps

Mon temps tire à sa fin
et je n’ai toujours
pas chanté
la vraie chanson
la grande chanson

j’avoue
que j’ai l’air
d’avoir perdu courage

un coup d’œil dans la glace
un clin d’œil dans mon cœur
me donne envie
de la fermer à jamais

alors pourquoi me forces-tu à me pencher ici
Seigneur de ma vie
à me pencher à cette table
au milieu de la nuit
à me demander comment être beau ?

À scruter mes rêves

J'en étais à scruter mes rêves
quand je me suis vu
en train de scruter mes rêves
en train de scruter mes rêves
et encore et ainsi de suite
jusqu'à me consumer
dans la mystérieuse activité
d'expansion et de contraction
à inspirer et expirer en même temps
et à disparaître naturellement
au fond de mon trou du cul
J'ai fait ça pendant 30 ans
mais j'ai continué à revenir
pour que vous sachiez combien ça fait mal
Me voici à la fin de la chanson
à la fin de la prière
Les cendres se sont enfin dispersées
exactement comme elles doivent le faire
Les chaînes ont lentement
suivi les ancres
jusqu'au fond de la mer
C'est une simple chanson
une simple prière
Merci, mes Maîtres
Merci, Tout le monde

Toi aussi

Parce que tu es belle, mais sentais mauvais, j'ai su que tu avais été tuée. Et tu as eu le même sentiment à mon égard. Tu as dit : « Tu es un vieil homme élégant, mais tu pues. » Après le long épisode de l'intervention dénudée, tu as joint les mains et tu t'es inclinée : « Merci », as-tu dit. « C'est la première fois que je n'ai jamais rien fait. » On m'a dit bien des choses ravissantes sur ma chance, mais à coup sûr celle-ci a été la plus ravissante de toutes. « Comment je sens maintenant ? » ai-je demandé. « Pire que jamais », as-tu dit. « Exactement mon impression de toi », ai-je répondu. Puis tu es retournée en France (ou était-ce en Hollande ?) et nous sommes toujours restés des amis sûrs depuis lors. Parfois, quand les colibris sont tranquilles, je te sens pourrir à mi-chemin du bout du monde.

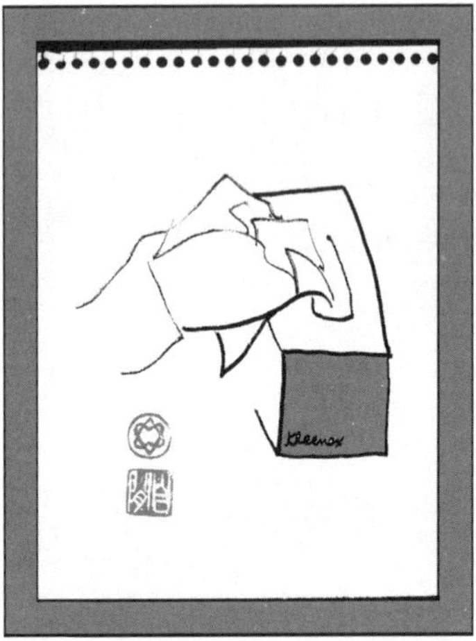

À présent dans ma chambre

Ô mon amour
je t'ai retrouvée
Je suis sorti
chercher un paquet de cigarettes
et Tu étais là
J'ai salué tout le monde
et l'on s'est réjoui avec moi
Je me suis perdu
dans les yeux d'un chien
qui T'aimait
La chaleur m'a requinqué
Le flot des voitures m'a flanqué
tout nu au lit
avec un livre qui parle de Toi
et une bouteille d'eau fraîche

L’obscurité entre

L’obscurité entre dans ma chambre d’hôtel
tel un rideau pénétrant un rideau
ondoyant en différentes formes d’obscurité
ici des ailes là un masque à gaz
en choses simples et en choses doubles
Je suis assis tout droit sur le bord du lit
et de mes mille et une personnalités
je fais obstacle à l’obscurité tombante
au moment même où une haute clôture
hérissée de pointes dorées
s’interpose devant la pluie de France
Pendant un certain nombre d’heures lumineuses
c’est un répit
Souvent au cours de ce segment extrêmement chargé
de ma vie habituellement monotone
une femme entre dans la chambre avec un passe
et de façon discrète s’arrange pour me faire comprendre
que nous aurions pu vivre nos vies ensemble
si les circonstances avaient été différentes
Ça me plaît surtout
quand elle s’adresse à moi avec la familiarité
de son incompréhensible langage
mais toujours dans un coin de ma tête
je sais que les moments importants
sont en chemin
et que je suis cette haute clôture en fer
hérissée de pointes dorées
qui repousse l’inévitable

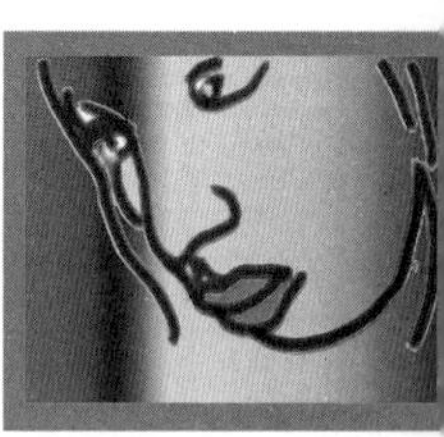

Suggestions

« Nous sommes des étudiantes de l'Ontario.
– De quelle région de l'Ontario ?
– Nous ne connaissons pas l'Ontario. On nous a dit de dire que nous étions de là.
– Je vois. »
Avec détermination elles s'affairèrent dans la cuisine, allumant et éteignant le fourneau à gaz, vérifiant les lampes-témoins, extirpant des casseroles de placards bondés, s'agenouillant devant le bac à légumes, mais rien ne fut en fait cuisiné ni servi.
« En réalité, nous ne savons pas faire la cuisine.
– Je vois.
– En réalité, nous ne sommes que des suggestions. Nos corps finissent là où commencent nos habits ; il n'y a rien en-dessous.
– Je me posais la question.
– Oui, on nous a dit de pratiquer la modestie, de vous faire rire et sourire, et de ne pas vous troubler avec les fluides et la nudité.
– Cela va-t-il rendre la soirée plus agréable ?
– Certainement. Cela va vous ravir.
– Je me soumets à vos bonnes intentions. »
Elles le prirent chacune par un bras, puis se blottirent contre lui et appuyèrent leurs têtes contre sa poitrine.
« Nous vous aimons. »
Des larmes lui vinrent, qu'elles essuyèrent avec leurs foulards bariolés.

« J'ai faim.
– Nous aussi ! Allons dans un restaurant de Montréal, ville qui, nous a-t-on dit, possède plus de restaurants au kilomètre carré que même Rio. Nous sortirons tous les soirs, sauf quand vous n'en aurez pas envie. Alors nous ferons livrer. »

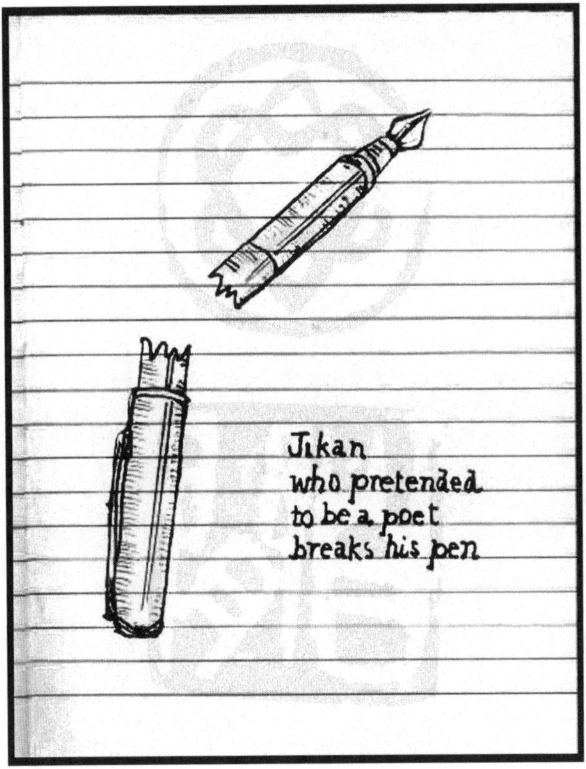

Jikan
qui voulait
jouer les poètes
casse son stylo.

Même aujourd'hui

Je ne savais pas
combien tu es simple
combien généreuse
J'ai essayé de te capturer
avec des vers
et des suggestions
érotiques

Même aujourd'hui
            dans mon cœur
tu bâilles
toute d'ennui et de solitude
à te frotter tout le corps
avec des onguents
et à te toucher
pendant que je m'attarde

Un autre poète

Un autre poète devra dire
combien je t'aime
Je suis trop occupé en ce moment avec la Mer d'Arabie
et ses répétitions perverses
de blanc et de gris

Je suis las de te le dire
et les arbres aussi
et les chaises longues aussi

Oui, j'ai renoncé à bien des choses
au cours des quelques dernières minutes
y compris au grand honneur
de dire que je t'aime

Je suis redevenu beau et mince
J'ai rasé ma barbe de grand-père
J'ai la ceinture qui flotte
et la mâchoire serrée

De jeunes beautés folles
encore recouvertes de la crasse
des ashrams et des lieux saints
examinent leur imagination
dans la chambre d'un vieil homme

Des garçons changent de vie
marchant dans mon sillage
impatients d'étudier
d'insaisissables réalités
sous l'hypnose de mon indifférence

La cervelle de la baleine
couronne la crête de l'eau
comme un crépuscule rougeoyant
mais je ne vois jamais rien
que toi ou Toi
ou toi dans Toi
ou Toi dans toi

Déroutant pour tous les autres
mais pour moi
le plein emploi

Je présente
les jeunes gens aux jeunes gens
Malheureux ils s'éloignent en dansant
pendant que je conspire
avec la Mer d'Arabie
pour créer
un silence hideux
qui ôte l'océan
de mon dos
et qui plus important
laisse un autre poète dire
combien je t'aime

Pardonnez-moi

Pardonnez-moi, nobles messieurs et dames,
si je ne me vois pas
comme la maladie.
Pardonnez-moi si je reçois le Saint-Esprit
sans vous en parler.
Pardonnez-moi,
Commissaires de l'Occident,
si vous ne pensez pas
que j'ai assez souffert.

Son ami

elle ne sait pas
que son ami est venu

elle ne saura pas
noter par écrit
la moindre de ses paroles

il n'aura pas sa place
dans son carnet
à côté de Kabir[10]
et des Théravadins[11]

bien des années plus tard
elle se reverra
assise avec un vieil homme

une curieuse nudité
de pensée
les reliant

cette nudité
cette transparence
la mènera à bon port

I guess it's better to start a war
or to stab a rabbi
than to look at yourself
in the mirror of your hotel room
It's better to get carried away
by your culture
the brave children
in front of the tanks
the holy soil
speaking your language
Shame on you, Great Poets!
I love the past as well as you
but I've got to do something
to change your stupid bloodthirsty
music
which no one but G-d really likes
GET BACK TO YOUR DIARIES

J'estime qu'il vaut mieux
commencer une guerre
ou poignarder un rabbin
que de se regarder
dans la glace de sa chambre
d'hôtel
Mieux vaut se laisser emporter
par sa culture
les enfants courageux
devant les chars
le sol sacré
parlant votre langue
Honte à vous, Grands Poètes !
J'aime le passé autant que vous
mais il faut que je fasse
quelque chose
pour changer votre stupide
musique
assoiffée de sang
que personne sauf Di-u
n'aime vraiment
RETOURNEZ
À VOS JOURNAUX INTIMES

Ça semblait la meilleure façon

Ça semblait la meilleure façon
La première fois que je l'ai entendu parler
Mais à présent il est bien trop tard
Pour tendre l'autre joue

Ça avait l'accent de vérité
Ça semblait la meilleure façon
Il faudrait être idiot
Pour choisir le doux aujourd'hui

Je me demande ce que c'était
Je me demande ce que ça voulait dire
Il semblait atteindre à l'amour
Mais ensuite il a atteint à la mort

Mieux vaut tenir ma langue
Mieux vaut apprendre ma place
Lever mon verre de sang
Tenter de dire la Grâce

La Grande Fracture

Je n'ai jamais apprécié ta façon d'aimer
Si tordue, si vieux-jeu
Mais pourtant j'ai jeûné comme un moine
Et prié pour te voir toute nue

Je te voyais faire du mal à tout le monde
Un gouvernement de souffrance
Je me disais : « Ta Volonté Soit Faite
La mienne elle n'a aucune importance »

Je buvais j'ai perdu mon boulot
Je vivais comme si rien ne comptait
Et toi, tu n'es jamais intervenu
Tu n'as même jamais répondu

C'était un temps d'aveuglement, de rupture
Et d'où la gentillesse était bannie
J'ai voulu je crois monter dans la voiture
Qui va de l'acide à la religion

Mais plus de lumière pour me guider
Ni aucune bonne direction
Le livre d'amour que je lisais se trompait
Il avait une fin heureuse

Mais quand le système eut été ébranlé
Jusqu'à devenir méconnaissable
Les choses simples que j'avais oubliées
Reprirent leur position pleine de douceur

J'ai cru te voir avec un enfant
J'ai cru t'entendre pleurer
Et le jardin autour de toi sauvage
Et laissé à ta bonne garde

Je ne sais plus ensuite ce qui s'est passé
Je t'ai maintenue à distance
Mais emmêlé dans les fils du sexe
Je voyais levée ma pénitence

Tes remèdes sous ma main
Tes doigts dans mes cheveux
Sur nos lèvres commencèrent les baisers
Qui partout s'achevèrent

Et quand je m'apprêtai à partir
Tu m'as attiré auprès de toi
Pour que je sois comme Adam avec Ève
Avant la Grande Fracture

Et liés ici nous ne pouvons bouger
Si ce n'est l'un vers l'autre
Nous déployant et sombrant comme lys
De nulle part nous allons vers le centre

Et ici je ne peux lever une main
Pour tracer les contours de la beauté
Mais les contours sont tracés et l'amour est content
D'aller et venir si librement

Et ici nul péché ne peut être confessé
Nul pécheur être pardonné
C'est écrit la loi doit patienter
Avant que la loi soit écrite

Et ici le silence est effacé
Les fondements ne sont que décombres
Ta beauté ne peut se comparer
Pas de miroir ici, pas d'ombre

Mais voilà qu'il arrive, ce vent rasant
Sans but et serein
Il me blesse pendant que j'écarte tes lèvres
Il nous blesse entre les deux

Et désormais les guerres peuvent reprendre
La torture et les rires
Nous pleurons à grand bruit, comme des humains
Avant la vérité, et après

Je ne sais comment cela va finir
Tu as toujours laissé cela en suspens
Mais, oh, tu es le seul ami
Que je n'ai jamais pensé connaître

Je suis maintenant capable

Je suis maintenant capable
de dormir vingt heures par jour
Les quatre qui restent
se passent à
téléphoner à une liste
de gens importants
afin de
leur dire bonne nuit

Jikan
qui est né
pour faire rire
les hommes
vous salue bien

Ça fait du bien

Le Flot

On t'a dit de
« suivre le flot »
mais comme tu le sais
par tes études,
il n'y a pas de flot,
pas non plus réellement
d'allée ni de venue.
Ce ne sont là simplement
que des concepts bien commodes
pour le moine novice.
Tu peux te remettre à fumer
et ce qu'on appelle « ta mort »
et ce qu'on appelle « ta vie »
tu peux les observer désormais
avec les yeux de la sagesse.
Voilà pourquoi
les Sages du Japon
ont nommé leurs cigarettes
« Espérance » et « Paix »
ainsi que « Paix Légère », « Espérance Courte »
et « Espérance Courte Légère ».

Ma guitare est si belle que parfois je voudrais bien savoir en jouer

Note au lecteur chinois

Cher Lecteur,

Merci d'être venu jusqu'à ce livre. C'est un honneur, et une surprise, de voir les pensées frénétiques de ma jeunesse exprimées en caractères chinois. J'apprécie sincèrement les efforts du traducteur et des éditeurs pour porter cette œuvre curieuse à ton attention. J'espère que tu la trouveras utile ou amusante.

Quand j'étais jeune, mes amis et moi lisions et admirions les poètes chinois d'autrefois. Nos idées sur l'amour et l'amitié, sur le vin et la distance, sur la poésie elle-même, ont été fortement influencées par ces chants anciens. Bien plus tard, durant les années où je pratiquais le zen comme moine sous la conduite de mon maître Kyozan Joshu Roshi, les sermons stimulants de Lin Chi (Rinzai) étaient étudiés chaque jour. Tu comprendras donc, Cher Lecteur, combien je me sens privilégié de pouvoir paître, fût-ce un instant, et avec d'aussi maigres arguments, aux abords de ta tradition.

Le livre que voici est difficile, même en anglais, si on le prend trop au sérieux. Puis-je suggérer que tu sautes les parties que tu n'aimes pas ? Plonge-toi dedans çà et là. Peut-être y aura-t-il un passage, ou même une page, qui éveillera ta curiosité. Après un moment, si tu t'ennuies suffisamment ou n'as rien d'autre à faire, peut-être voudras-tu le lire de la première à la dernière page. Quoi qu'il en soit, je te remercie de ton intérêt pour cet étrange recueil de riffs de jazz, de blagues pop-art, de kitsch religieux et de prière feutrée, intérêt qui indique, à mon sens, une générosité inconsidérée, quoique très touchante, de ta part.

Les Perdants magnifiques a été écrit à l'extérieur, sur une table au milieu des rochers, des mauvaises herbes et des marguerites, derrière ma maison d'Hydra, une île de la mer Égée. J'habitais là voici bien des années. C'était un été où l'on cuisait de chaleur. Je ne me suis jamais couvert le crâne. Ce que tu as entre les mains tient davantage du coup de soleil que du livre.

Cher Lecteur, veuille me pardonner si je t'ai fait perdre ton temps.

Nous ne resterons pas jusqu'à la fin de la représentation

La Foi[**]

La mer si profonde et occulte
Le soleil, le sauvage regret
Le bâton, la roue, l’esprit,
Ô mon amour,
N’en as-tu pas encore assez ?

Le sang, le sol, la foi
Ces mots que tu ne peux oublier
Ton vœu, ton lieu saint
Ô mon amour,
N’en as-tu pas encore assez ?

Une croix sur chaque colline
Une étoile, un minaret
Tant de tombes à remplir
Ô mon amour,
N’en as-tu pas encore assez ?

La mer si profonde et occulte
Où le soleil doit encore se coucher
Et le temps lui-même se dérouler
Ô mon amour,
N’en as-tu pas encore assez ?

Et voici**

Voici ta couronne
ton sceau et tes bagues
et voici ton amour
pour toutes choses

Voici ta charrette
ton carton et ta pisse
et voici ton amour
pour tout ceci

Puisse chacun vivre
et puisse chacun mourir
Salut, mon amour
et mon amour, Au revoir

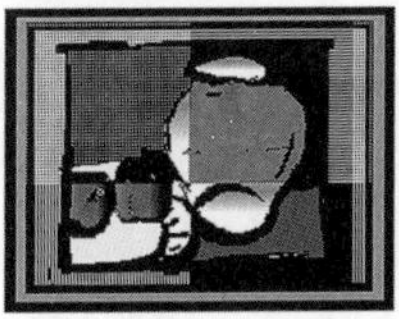

Voici ton vin
et ta chute d'ivrogne
et voici ton amour
ton amour pour tout cela

Voici ta maladie
ton lit et ta casserole
et voici ton amour
pour la femme, pour l'homme

Et voici la nuit
la nuit a commencé
et voici ta mort
dans le cœur de ton fils

et voici l'aurore
(jusqu'à ce que mort nous sépare)
et voici ta mort
dans le cœur de ta fille

Et te voici pressé
et te voici parti
et voici l'amour
sur quoi tout est construit

Et voici ta croix
tes clous et ta colline
et voici ton amour
qui s'inscrit là où il doit

Puisse chacun vivre
et puisse chacun mourir
Salut, mon amour
Et mon amour, Au revoir

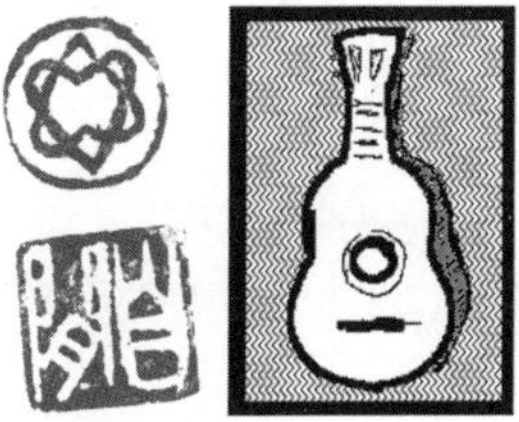

Inquiet bien sûr
vaincu bien sûr
vieux bien sûr
יהוה
reconnaissant bien sûr
depuis que l'arrière-plan s'est dissous

Là pour toi**

Quand tout s'est effondré
Et que la douleur a percé
Je le saisis maintenant
J'étais là pour toi

Ne me demande pas comment
Je sais que c'est vrai
Je le saisis maintenant
J'étais là pour toi

Je prépare mes projets
Comme je le fais toujours
Mais lorsque j'y repense
J'étais là pour toi

J'arpente les rues
Comme autrefois
Et la peur me glace
Mais je suis là pour toi

Je revois toute ma vie
Je la fais défiler
Ce n'était jamais moi
C'était toujours toi

Tu m'envoyais ici
Tu m'envoyais là
Casser des choses
Les réparer je ne sais pas

Créer des objets
Grâce à la pensée
En créer plus encore
Sans même penser

Manger des aliments
Et boire du vin
Un corps que je
Tenais pour mien

Habillé en arabe
Ou habillé en juif
Ô masque de fer
J'étais là pour toi

Envies de gloire
Envies abjectes
Le monde perce par
une serviette ensanglantée

Et la mort est vieille
Mais toujours nouvelle
La peur me glace
Et je suis là pour toi

Je le vois clairement
Je l'ai toujours su
Ce n'était jamais moi
J'étais là pour toi

J'étais là pour toi
Toi que je chéris
Et par ta loi
Tout cela s'est accompli

Ne me demande pas comment
Je sais que c'est vrai
Je le saisis maintenant
J'étais là pour toi

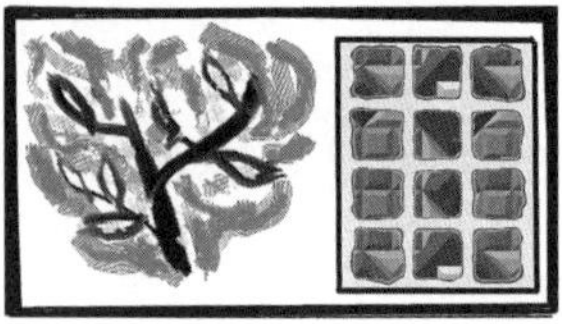

Promesse

Jamais je ne
rendrai
le Saint-Graal
à ses
« légitimes propriétaires »

Qui plus est, vous n'avez pas l'autorité légitime pour m'examiner

Rapport à R.S.B.

La paix n'est pas entrée dans ma vie
Ma vie s'est échappée
et la paix était là
Souvent je me cogne dans ma vie,
essayant d'attraper son souffle,
de régler une facture,
ou de supporter les nouvelles,
en trébuchant comme d'habitude
sur les câbles
de la beauté d'un autre
Ma toute petite vie :
si loyale,
si dévouée à ses obscurs desseins
et, je m'empresse de le signaler,
qui se débrouille très bien sans moi.

Irving et moi à l'hôpital

Il prenait parti pour Nietzsche
Moi c'était pour le Christ
Il prenait parti pour la victoire
Moi c'était pour bien moins

J'adorais lire ses vers
Il adorait entendre ma chanson
Nous ne nous intéressions guère
À savoir lequel avait tort ou raison

Ses mains de boxeur tremblaient
Avec sa pipe il se débattait
Avec son tabac Imperial
Que je l'aidais à allumer

IRVING
d'après une photo de Laszlo

Reste assis tranquille et laisse-les t'examiner

Toujours à regarder les filles
mais il n'y a pas de filles
absolument aucune
il y a seulement (ça va vous scier) la paix intérieure et l'harmonie
le soir dans l'hôtel

À cause de quelques chansons**

À cause de quelques chansons
où je parlais de leur mystère,
les femmes ont été
d'une exceptionnelle bienveillance
envers mon grand âge.
Elles ménagent un endroit secret
dans leurs vies occupées
et elles m'y emmènent.
Elles se mettent nues
chacune à sa façon
et elles disent :
« Regarde-moi, Leonard,
regarde-moi une dernière fois. »
Puis elles se penchent sur le lit
et me recouvrent
tel un bébé qui grelotte.

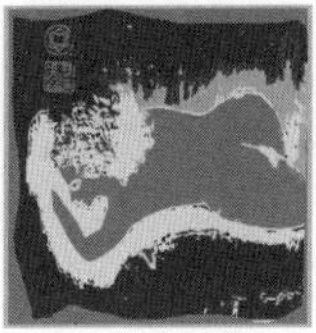
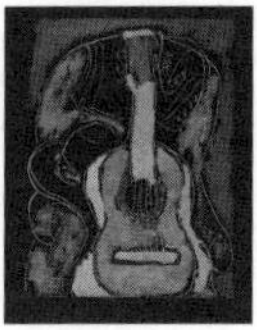

Les Lettres**

Tu n'as jamais aimé recevoir
Les lettres que j'envoyais.
Mais aujourd'hui tu as l'essentiel
De ce que mes lettres signifiaient.

Tu les lis une fois encore,
Celles que tu n'as pas brûlées.
Tu les presses contre tes lèvres,
Mes pages de tourment.

Je parlais d'une inondation.
Je disais : il n'y a plus rien qui reste.
J'espérais que tu viendrais,
Je t'ai donné mon adresse.

Ton histoire était si longue,
L'intrigue si intense,
Il t'a fallu des années pour franchir
Les frontières de l'autodéfense.

Les formes de la blessure apparaissent :
La perte, la pleine mesure ;
Et ici la simple gentillesse,
La solitude de la force.

Tu entres dans ma chambre.
À mon bureau tu t'assois,
Commence ta lettre à
Celui qui viendra après moi.

Une seule chose
le rendait heureux
et à présent qu'elle
avait disparu
toute chose
le rendait heureux

Table de cuisine

Les mêmes pensées vaines surgissent
mais nul ne les réclame
Le sentiment d'être seul
s'empare de la carcasse
et en secoue l'espoir
mais nul n'est désespéré
nul n'est solitaire
Les préparatifs compliqués
en vue de l'instant suivant
t'incitent
à lire ceci tout de suite
M'étant soumis à Celui
qui m'a placé ici
je suis assis à la table même
où ces chansons naquirent
voici une quarantaine d'années –
affairé comme une abeille
dans la solitude

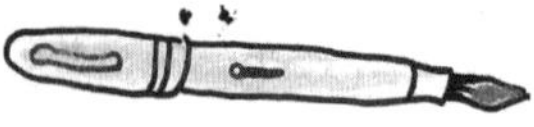

Hydra, 1999

Gravité

Jamais je n'ai cherché à voir ton visage,
Pas non plus souhaité connaître
Les détails d'un lieu en aval
Où il me faudrait aller.

Mais l'amour est fort comme la gravité,
Et chacun de nous doit tomber.
D'abord c'est du haut du pommier,
Et puis du mur de l'ouest.

D'abord c'est du haut du pommier,
Et puis du mur de l'ouest.
Et puis de toi et puis de moi
Et puis de tout un chacun.

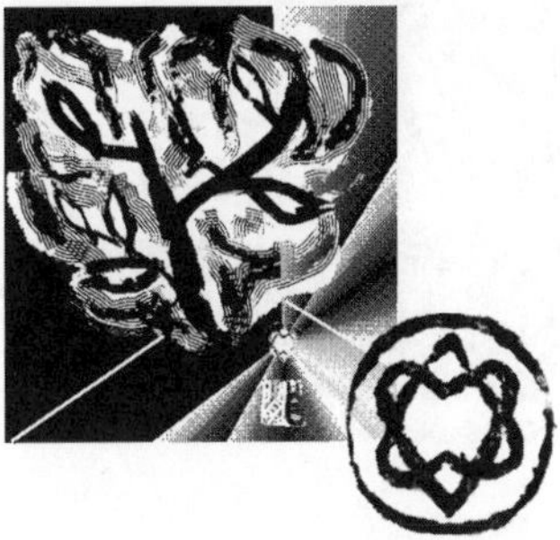

Le Soleil

Je suis allé sur le soleil
Ça n'a rien de spécial
Un lieu de violence
Très semblable au nôtre

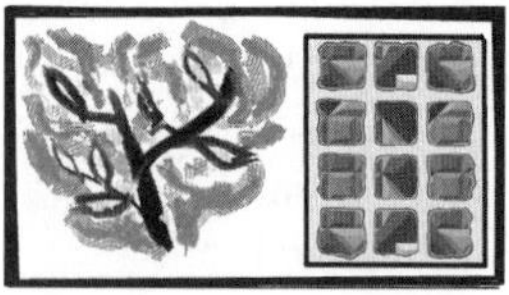

Le soleil a dit :
Je suis un livre ouvert
Sois patient

Tu t'apercevras
Que tout se passe
De la même façon
Ici et là

Les vents solaires
C'est autre chose
Nul ne les maîtrise
Nul en réalité
Ne les gouverne

On leur survit
Sinon plus jamais
De nouvelles de vous

J'adore la façon
Dont le soleil parle
Il est si calme et honnête
Sauf lorsqu'il est happé
Par ses propres malheurs

Bientôt il n'y aura personne pour me dessiner tel que je ne suis pas
Ô mystérieuse imprécision de mon art

La route est trop longue
le ciel est trop vaste
le cœur vagabond
est sans abri enfin

Va petit livre

Va petit livre
Te cacher
Et sois honteux
De ton incongruité

Un coup de chance
T'a mis en avant
Tu étais censé
Être découvert
Plus tard

Quand auront disparu
Inondations tremblements
[de terre
Et guerres saintes

Va petit livre
Et cesse de me déshonorer
Il y a dans ma vie
Des femmes et des hommes
[sérieux
Et tu leur as permis
D'être au-dessus du lot

Cache-toi derrière
Une fenêtre
Ô mon cher
Livre
Enjoué
Et transparent

Ou écrase-toi
Sous le poids
D'une défaite

Mais cache-toi
Cache-toi vite maintenant
Et donne-moi
[de tes nouvelles
Avec notre code secret
Qui ressemble à
Une mauvaise toux

À ce sombre tapage
Qui ignore
Les défis de l'amour
Les cristaux de la perfection

Ô parle-moi
Depuis des lieux
Que tu trouveras

Va petit livre
Invite-moi là-bas

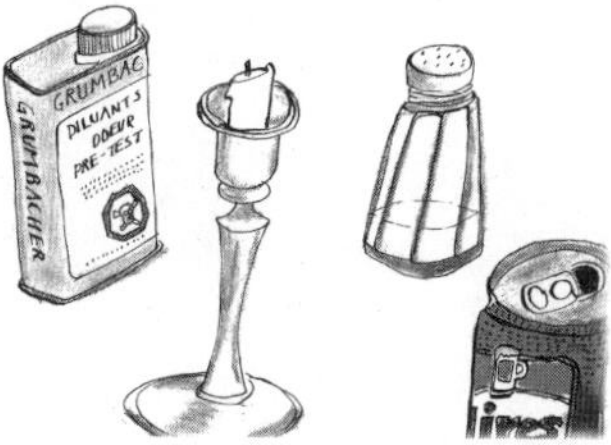

Hospitalité

boire du cognac
avec le vieil homme
          – son exquise hospitalité
dans la cabane près de la rivière –
enfin, pas vraiment de l'hospitalité
rien que vider la bouteille dans mon verre
remplir mon assiette
et s'endormir
quand c'était l'heure de partir

Le Centre

Lorsque je suis au centre
de mon amour non partagé
je ne puis le tenir comme un objet
Il n'a pas d'angles vifs
qui puissent torturer quiconque
je respire le parfum
du désir
et le désir
n'a nul propriétaire
« Ô mon amour » étreint
le large et vaste ciel
tandis que la nuit farfouille parmi
les constellations
collier soulevé
après collier égrené
pour le ravissement
de la bien-aimée de Leonard
« Ô mon amour » retentit
par chaque pore de la neige
et la forêt répond
d'une grande hauteur :
« Ô mon amour »
Et voici un cœur qui apparaît
et voici un cœur qui se dissout
et ils s'enlacent en ce lieu
où je suis retenu
dans la tempête
Et je marche vers toi
sur les vagues du désir
je franchis la distance
avec du nouveau à te dire
sur ta beauté
tes belles jambes
et ton implacable absence

Ton implacable appétit de perspectives nouvelles

Montréal décembre 2005

Quand Tu as voulu
la voir
sous un jour différent
Tu l'as placée
dans mes bras

Quand Tu as voulu
T'éclipser
dans un soupir de soulagement
Tu as attiré ses lèvres
contre les miennes

Ô Sujet Sans Nom
de toute activité
Tu m'as donné une chanson
pour ma vie fantomatique

Comme il est profond Ton désir
de Toi-même
comme il est sublimement ignoré

Nous nous agenouillons de gratitude
comme les mouvements au-dedans de l'amour
dispersent nos douces intentions
par-delà les fictions
de la Vie en Couple –
deux de ces créatures
que Tu as nommées Moi

Mieux d'être perdu

C'est mieux quand je suis perdu
que les villes défilent
comme la télévision
et qu'on veut être artiste
et dessiner les lèvres de la serveuse
📺📺📺📺📺📺📺📺📺📺
🗣🗣🗣🗣🗣🗣🗣🗣🗣🗣
C'est mieux quand je me réveille
seul dans le sauna refroidi
et que je redécouvre le bois
le séquoia, le cèdre
le vieux baquet de chêne
la vieille croix noueuse
✞✞✞✞✞✞✞✞✞✞✞✞✞✞✞✞✞
👁👁👁👁👁👁👁👁👁👁👁👁
Ô mes enfants c'est mieux
d'être perdu quand on est
ce père qu'on empoisonne
au banquet d'amour de la femme
et que je ne vous ai pas emmenés
chasser l'ours
ou harponner le poisson
Je ne vous ai pas escamotés
de l'intrigue
sur le chemin de la verte forêt
où j'ai couché avec
une personne du nom de Sahara
au bord de la Rivière du Diable

et que j'ai su monter
une tente en plein vent

C'est mieux d'être perdu
de s'endormir selon
les terreurs de CNN
ivre-mort de vin rouge
à traquer le rayon de soleil
dans le documentaire allemand
qui ne passe jamais à l'anglais

C'est mieux d'être le sang
coulant dans ma propre main
avec sa douce vie bien à lui
son innocent et joyeux fardeau
de servitude
Ô merci à toi cher doux
et loyal sang de ma main
Je promets de ne jamais
plus te lever par colère

Au-dedans de notre amour

Je veux t'aimer maintenant
Je veux t'aimer ensuite
Je veux t'aimer jamais
Et puis recommencer

Tous les pompons de ma ceinture
S'envolent dans le ciel
Quand tu te penches pour rire de moi
Depuis ta place tout là-haut

Je veux être cet idiot
Celui que tu congédies
Après l'avoir usé
Au rythme d'un jour sur deux

Je veux être la rose
Que tu salues d'un bâillement
Claudicant avec une béquille d'épines
À travers la pelouse en flammes

Vois ce que tu m'as fait
Comme si tu en avais à foutre
Je vivais derrière une ligne
Mais à présent j'ai passé outre

Je ne reviendrai pas dire au revoir
Je serai toujours à ton côté
Jusqu'au moment où je serai l'autre homme
Où toi tu seras une mariée

Assieds-toi sur mon souvenir
Quand tu es dans la douleur

Quand tu es dans le plaisir
Assieds-toi dessus encore

Merci pour ta courtoisie
Et pour ton baiser enivré
Je suis plus ivre que jamais tu ne le seras
J'ai mal au cœur de te dire ça

Et chaque nuit est bien bétonnée
Jusqu'à l'instant où tu te lèves et frappes
Contre moi comme la marée
Pour lézarder le mur de mensonges

Et repousse-moi pour toujours
Vers des lieux où je trouve
Les fossiles de ma fraternité
Les lisses comme les torsadés

Et puis vient un instant sacré
Dans une tranchante sobriété :
Je nous vois promis aux chaînes
Même si chaque atome est libre

Je nous vois promis aux chaînes
Même si chaque atome est libre
Et même la beauté tombe sur un os
Comme on le voit à l'évidence

Puis l'été prend l'or de tes cheveux
Et l'automne prend ton fantôme
Et nous sommes à un festin savoureux
Dont l'hôte n'est personne

Puis nous commençons à reprendre forme
Cela prend un petit moment
Je tourne autour de ton intimité
Seul pendant des miles et tant

J'ai copié le temps
je savais que j'étais une fiction
mais je ne pouvais me suspendre

à retarder
ou à avancer
je n'ai rencontré
aucun obstacle

j'ai porté des montagnes
des feuilles sont tombées au-dedans de moi

j'ai entouré
ta beauté
d'applaudissements

et lorsque
tu as voulu rentrer chez toi
j'ai balayé la poussière
de nouveau-né

Mais tournez-moi sur le côté
pour que je puisse mieux voir
cette chère étendue
de gazon touffu
sur lequel elle a
marché, ou
devrais-je
dire,
flotté,
oui, flotté
sous la
voile ensoleillée
de son parasol

THE LAMP IN ROOM 3

CURIOUS, was it not?
it fell on me to
proclaim, from this hotel
Hotel Ste. Anne beside
the LUBERON,
the end of human solitude
I find it curious

who ever thought
that I would be the
one to proclaim
the end of human
solitude from this hotel
human solitude
from this hotel

the sweetest duty
to proclaim
the news that I
myself
was waiting for
the end of human soli
of human solitude

1980

[Voir traduction page suivante]

La Lampe dans la chambre 3

Curieux, n'est-ce pas ?
cela m'est tombé dessus de
proclamer depuis cet hôtel,
l'hôtel Sainte-Anne en bordure
du Lubéron,
la fin de la solitude humaine
Je trouve ça curieux
Qui eût jamais pensé
que je serais celui
qui proclamerait
la fin de la solitude
humaine depuis cet hôtel
solitude humaine
depuis cet hôtel
le devoir le plus doux
de proclamer
la nouvelle que
moi-même
j'attendais
la fin de la soli
de la solitude humaine

1980

La Moitié du monde

Chaque soir elle venait me voir
Je lui faisais la cuisine, je lui versais du thé
Elle avait la trentaine en ce temps-là
avait gagné quelque argent, vécu avec des hommes
Nous nous allongions pour donner et recevoir
sous la moustiquaire blanche
Et comme aucun compte n'avait commencé
nous avons vécu mille années en une seule
Les bougies brûlaient, la lune descendait
la colline luisante, la ville laiteuse
sans poids, transparente, lumineuse,
nous découvrant l'un et l'autre
sur ce sol fondamental
où l'amour est non voulu, débridé, délié
et où l'on trouve la moitié du monde parfait

À faire semblant de se buter

Tricheur

Je triche quand je fais l’amour
Elle trouve ça génial
Elle me montre des trucs
qu’on ne montrerait
qu’à un tricheur

Déluge

Le déluge grossit
Bientôt il déferlera
Dans chaque vallée
Sur chaque toiture
Le corps se noiera
Et l'âme rompra ses liens
J'écris tout cela
Mais la preuve je ne l'ai pas

Sinaï, 1973

Remerciements

Bon nombre de ces poèmes et dessins ont fait leur première apparition sur The Leonard Cohen Files (www.leonardcohenfiles.com), un site remarquable fait en Finlande sous la direction de Jarkko Arjatsalo, avec l'assistance technique de son fils Rauli. Je suis profondément reconnaissant à la famille Arjatsalo et aux webmestres Marie Mazur, Tomislav Sakic et Patrice Clos, pour leurs efforts extraordinaires au service de mon œuvre.

Certaines pièces de ce livre sont devenues des paroles de chansons que Sharon Robinson et moi-même avons écrites et chantées ensemble. On peut les entendre dans le CD Sony intitulé *Ten New Songs*.

Le magazine *Walrus*, de Toronto, a gracieusement publié certains poèmes et dessins, tout comme Oris, de Zagreb, avec des traductions en croate.

J'ai entendu bien des idées intéressantes et précises, que j'ai plus tard brouillées en poésie, quand j'étais en la compagnie précieuse de Kyozan Joshu Roshi et de Ramesh S. Baleskar. Leurs concepts exigeants ont été si imparfaitement saisis que l'on ne saurait m'accuser de les avoir volés ou de me les être appropriés.

Je remercie mes directeurs littéraires à Toronto et à New York, Ellen Seligman et Daniel Halpern, pour leur généreuse hospitalité, ainsi que Marilyn Biderman de McClelland & Stewart pour avoir soigneusement présenté ce livre à d'autres éditeurs.

Je remercie Sam Feldman, Steve Macklam et Michelle Findlay pour m'avoir aidé à traverser la rue.

Je remercie Adam et Lorca Cohen ainsi que Jessica Murphy pour leur compagnie les jours de Sabbat.

Je remercie ma sœur Esther Cohen pour son soutien exubérant.

Je voudrais exprimer ma gratitude envers Robert Kory, Michelle Rice et Anjani Thomas, pour leur loyauté et pour la gentillesse et l'habileté de leurs navigations.

Et à Anjani, encore une fois.

Merci, mes Maîtres.

Merci, tout le monde

Leonard Cohen

Les traducteurs tiennent à remercier Marilyn Biderman, Patrice Clos, Marie Dervillers, Pierre Drachline, Jean-Paul Liégeois, André Valiquette, Sylvie Vassal.

Et Leonard Cohen, bien sûr.

Notes

1. 1912-2006. De son vrai nom Israël Pincu Lazarovitch. Poète juif canadien. Ami et mentor de Leonard Cohen.

2. Monastère zen californien, fondé par Roshi en 1971. Leonard Cohen y a séjourné pendant cinq ans et l'a quitté en 1999.

3. Kyozan Joshu Sasaki Roshi. Maître zen japonais de la tradition Rinzaï. Leonard Cohen a suivi son enseignement pendant de nombreuses années.

4. Nom pris par Leonard Cohen quand il fut ordonné moine bouddhiste. Signifie « le silencieux ».

5. Initiales de Henry Moscovitch (1941-2004), poète montréalais, ami de Leonard Cohen. Voir aussi page 127.

6. Enjambe l'autoroute du même nom qui traverse l'île de Montréal du nord au sud.

7. 1938-1988. De son vrai nom Christa Päffgen. Mannequin, chanteuse et actrice allemande. A notamment chanté avec le Velvet Underground, fondé par Andy Warhol.

8. Adresse montréalaise de Leonard Cohen, non loin du boulevard Saint-Laurent.

9. Prière juive récitée à la synagogue avant le coucher du soleil précédant l'office de Yom Kipour.

10. 1440-1518. Poète et maître spirituel indien. A cherché à concilier hindouisme et islam.

11. Adeptes de l'école bouddhiste Théravada.

* Ces poèmes ont été mis en musique par Leonard Cohen, qui les a enregistrés en 2001 pour l'album intitulé *Ten New Songs* (CD Columbia-Sony).

** Ces poèmes ont été mis en musique par Leonard Cohen, qui les a enregistrés en 2004 pour l'album intitulé *Dear Heather* (CD Columbia-Sony).

Table

DU MÊME AUTEUR

The Favorite Game
Christian Bourgois, 1971

Les Perdants magnifiques
Christian Bourgois, 1971 et 2002

Poèmes et chansons
10-18, 1972

L'Énergie des esclaves
Christian Bourgois, 1974

Mort d'un séducteur
Christian Bourgois, 1981

Le Livre de miséricorde
Carrère/Lafon, 1985

Musique d'ailleurs
Anthologie de poèmes et de chansons
Christian Bourgois, 1994

Jeux de dames
Christian Bourgois, 2002

Étrange musique étrangère
L'Hexagone (Montréal), 2005

Livre du constant désir
L'Hexagone (Montréal), 2007

RÉALISATION : NORD COMPO À VILLENEUVE-D'ASCQ
IMPRESSION : TOPPAN
DÉPÔT LÉGAL : NOVEMBRE 2017. N° 137073
– Imprimé en Chine –